Exotické chute Indie

Kniha s autentickými receptami z indické kuchyne

Tadeáš Mišík

Index

Murgh Bagan-e-Bahar 17
    Ingrediencie 17
    Metóda 18

Maslové kura 19
    Ingrediencie 19
    Metóda 20

kuracie sukha 21
    Ingrediencie 21
    Metóda 22

Indické pečené kura 23
    Ingrediencie 23
    Metóda 24

Pikantné ťahanie 25
    Ingrediencie 25
    Metóda 25

Kuracie kari so suchým kokosom 26
    Ingrediencie 26
    Metóda 27

Jednoduché kura 28
    Ingrediencie 28
    Metóda 29

Južné kuracie kari 30
    Ingrediencie 30

Na dochutenie: 31

Metóda 31

Kuracie guláš s kokosovým mliekom 32

Ingrediencie 32

Metóda 33

Chandi Tikka 34

Ingrediencie 34

Metóda 35

Tandoori kura 36

Ingrediencie 36

Metóda 37

Murgh Lajawab 38

Ingrediencie 38

Metóda 39

kuracie lahori 40

Ingrediencie 40

Metóda 41

kuracia pečeň 42

Ingrediencie 42

Metóda 42

balti kura 43

Ingrediencie 43

Metóda 44

Pikantné kura 45

Ingrediencie 45

Metóda 46

Kuracie Dilruba 47

Ingrediencie 47

Metóda 48

Vyprážané kuracie krídelká 49

Ingrediencie 49

Metóda 49

Murgh Mussalam 50

Ingrediencie 50

Metóda 51

Kuracie potešenie 52

Ingrediencie 52

Metóda 53

Kuracie Salli 54

Ingrediencie 54

Metóda 55

Vyprážané kuracie Tikka 56

Ingrediencie 56

Metóda 57

lov kurčiat 58

Ingrediencie 58

Metóda 58

Nadan Kozhikari 59

Ingrediencie 59

Metóda 60

mamine kura 61

Ingrediencie 61

Metóda 62

Kuracie Methi 63

Ingrediencie 63

Metóda 64

Pikantné kuracie paličky 65

Ingrediencie 65

Pre zmes korenia: 65

Metóda 66

Dieterovo kuracie kari 67

Ingrediencie 67

Metóda 68

Nebeské kura 69

Ingrediencie 69

Pre zmes korenia: 69

Metóda 70

kuracie rizala 71

Ingrediencie 71

Metóda 72

Kuracie prekvapenie 73

Ingrediencie 73

Metóda 74

syrové kura 75

Ingrediencie 75

Na marinádu: 75

Metóda 76

hovädzie korma 77

Ingrediencie 77

Pre zmes korenia: 77

Metóda 78

Dhal Kheema 79

    Ingrediencie 79

    Pre zmes korenia: 80

    Metóda 80

bravčové kari 81

    Ingrediencie 81

    Pre zmes korenia: 81

    Metóda 82

Shikampoore Kebab..83

    Ingrediencie 83

    Metóda 84

Špeciálne jahňacie 86

    Ingrediencie 86

    Pre zmes korenia: 86

    Metóda 87

Zelené kotlety Masala 88

    Ingrediencie 88

    Pre zmes korenia: 88

    Metóda 89

Vrstvený kebab 90

    Ingrediencie 90

    Pre bielu vrstvu:..90

    Pre zelenú vrstvu: 90

    Pre oranžovú vrstvu: 91

    Na mäsovú vrstvu: 91

    Metóda 91

Barrah Champ..93

Ingrediencie 93

Metóda 94

jahňací nálev 95

Ingrediencie 95

Metóda 96

Goan Lamb Curry 98

Ingrediencie 98

Pre zmes korenia: 98

Metóda 99

mäso bagara 100

Ingrediencie 100

Pre zmes korenia: 100

Metóda 101

Pečeň v kokosovom mlieku 102

Ingrediencie 102

Pre zmes korenia: 102

Metóda 103

Jahňacia masala s jogurtom 104

Ingrediencie 104

Pre zmes korenia: 104

Metóda 105

Korma v Khada Masala 106

Ingrediencie 106

Metóda 107

Jahňacie a obličkové kari 108

Ingrediencie 108

Pre zmes korenia: 109

 Metóda 109

Gosht Gulfaam 111

 Ingrediencie 111

 Na omáčku: 111

 Metóda 112

Lamb Do Pyaaza 113

 Ingrediencie 113

 Metóda 114

Vyprážané rybie cestoviny 115

 Ingrediencie 115

 Metóda 116

ryby caldine 117

 Ingrediencie 117

 Metóda 118

Krevety a vaječné kari 119

 Ingrediencie 119

 Metóda 120

rybí krtko 121

 Ingrediencie 121

 Metóda 121

krevety Bharta 122

 Ingrediencie 122

 Metóda 123

Pikantné ryby a zelenina 124

 Ingrediencie 124

 Metóda 125

kotleta z makrely 126

    Ingrediencie 126

    Metóda 127

Krab tandoori 128

    Ingrediencie 128

    Metóda 128

Plnená ryba 129

    Ingrediencie 129

    Metóda 130

Kari s krevetami a karfiolom 131

    Ingrediencie 131

    Pre zmes korenia: 131

    Metóda 132

vyprážané mušle 133

    Ingrediencie 133

    Metóda 134

Vyprážané krevety v cestíčku 135

    Ingrediencie 135

    Metóda 136

Makrela v paradajkovej omáčke 137

    Ingrediencie 137

    Metóda 138

Konju Ullaruathu 139

    Ingrediencie 139

    Metóda 140

Chemeen Mango Curry 141

    Ingrediencie 141

    Metóda 142

Jednoduché Machchi Fry 143

    Ingrediencie 143

    Metóda 143

Macher Kalia 144

    Ingrediencie 144

    Metóda 145

Vyprážaná ryba vo vajci 146

    Ingrediencie 146

    Metóda 146

Lau Chingri 147

    Ingrediencie 147

    Metóda 148

Paradajková ryba 149

    Ingrediencie 149

    Metóda 150

Chingri Machher Kalia 151

    Ingrediencie 151

    Metóda 151

Ryby Tikka Kebab 152

    Ingrediencie 152

    Metóda 152

Kotleta Chingri Machher 153

    Ingrediencie 153

    Metóda 154

Pečená ryba 155

    Ingrediencie 155

    Metóda 155

Krevety so zelenou paprikou 156
    Ingrediencie 156
    Metóda 156
machher jhole 157
    Ingrediencie 157
    Metóda 158
Macher Paturi 159
    Ingrediencie 159
    Metóda 160
Chingri Machher Šorsher Jhole 161
    Ingrediencie 161
    Metóda 162
Krevety a zemiakové kari 163
    Ingrediencie 163
    Metóda 164
mäkké krevety 165
    Ingrediencie 165
    Metóda 166
Ryba Koliwada 167
    Ingrediencie 167
    Metóda 168
Roláda z rýb a zemiakov 169
    Ingrediencie 169
    Metóda 170
Krevety Masala 171
    Ingrediencie 171
    Metóda 172

cesnaková ryba 173
    Ingrediencie 173
    Metóda 173
zemiaková ryža 174
    Ingrediencie 174
    Na halušky: 174
    Metóda 175
Pulao Vegetal 176
    Ingrediencie 176
    Metóda 177
Kachche Gosht ki Biryani 178
    Ingrediencie 178
    Na marinádu: 178
    Metóda 179
Achari Gosht ki Biryani 180
    Ingrediencie 180
    Metóda 181
Yakhni Pulao 183
    Ingrediencie 183
    Metóda 184
Hyderabadi Biryani 186
    Ingrediencie 186
    Pre zmes korenia: 186
    Metóda 187
Ryža s korením a zeleninou 188
    Ingrediencie 188
    Metóda 189

Kale Moti ki Biryani 190
    Ingrediencie 190
    Metóda 191
Mince & Masoor Pulao 193
    Ingrediencie 193
    Metóda 194
kuracie biryani 195
    Ingrediencie 195
    Na marinádu: 195
    Metóda 196
Krevetové rizoto 198
    Ingrediencie 198
    Pre zmes korenia: 198
    Metóda 199
Vaječné zemiaky Biryani 201
    Ingrediencie 201
    Pre priečinok: 202
    Metóda 202
Mince Pulao 204
    Ingrediencie 204
    Metóda 205
Chana Pulao 206
    Ingrediencie 206
    Metóda 206
Jednoduché Khichdi 208
    Ingrediencie 208
    Metóda 208

ryža masala 209

    Ingrediencie 209

    Metóda 210

cibuľová ryža 211

    Ingrediencie 211

    Metóda 211

dusená ryža 213

    Ingrediencie 213

    Metóda 213

Krevety Pulao 214

    Ingrediencie 214

    Metóda 215

Murgh Bagan-e-Bahar

(Grilované kuracie paličky)

4 porcie

Ingrediencie

soľ podľa chuti

1½ lyžičky zázvorovej pasty

1½ lyžičky cesnakovej pasty

1 lyžička garam masala

8 kuracích paličiek

30 g / 1 oz lístkov mäty, jemne nasekaných

2 lyžice sušených semien granátového jablka

50 g / 1¾ oz jogurt

1 lyžička mletého čierneho korenia

1 citrónová šťava

Masala Chaat*Testovať

Metóda

- Zmiešajte soľ, zázvorovú pastu, cesnakovú pastu a garam masalu. Do stehien urobte zárezy a s touto zmesou marinujte 1 hodinu.

- Zmiešajte zvyšné ingrediencie okrem chaat masala.

- Mletú zmes zmiešame s kuracím mäsom a odstavíme na 4 hodiny.

- Kurča grilujeme 30 minút. Posypeme chaat masalou. Podávajte.

Maslové kura

4 porcie

Ingrediencie

1 kg / 2 ¼ lb kuracie mäso, nakrájané na 12 kusov

soľ podľa chuti

1 lyžička šafranu

1 citrónová šťava

4 polievkové lyžice masla

3 veľké cibule, nakrájané nadrobno

1 lyžička zázvorovej pasty

1 lyžička cesnakovej pasty

1 lyžica mletého koriandra

4 veľké paradajky, pyré

125 g / 4 ½ unce jogurtu

Metóda

- Kura marinujte so soľou, kurkumou a citrónovou šťavou na hodinu.

- Na panvici rozohrejeme maslo. Pridajte cibuľu a smažte, kým nebude priehľadná.

- Pridajte zázvorovú pastu, cesnakovú pastu a mletý koriander. Smažte na strednom ohni 5 minút.

- Pridajte marinované kuracie mäso. Smažte 5 minút. Pridajte paradajkový pretlak a jogurt. Prikryjeme pokrievkou a varíme 35 minút. Podávajte horúce.

kuracie sukha

(Sušené kura)

4 porcie

Ingrediencie

2 lyžice rafinovaného rastlinného oleja

4 veľké cibule, nakrájané nadrobno

1 kg / 2 ¼ lb kuracie mäso, nakrájané na 12 kusov

4 nakrájané paradajky

1 lyžička šafranu

2 zelené papriky, nakrájané na plátky

8 prelisovaných strúčikov cesnaku

5 cm / 2 palce. Koreň zázvoru, strúhaný

2 lyžice garam masala

2 kocky kuracieho bujónu

soľ podľa chuti

50 g / 1¾ oz listov koriandra, nasekaných

Metóda

- Na panvici rozohrejeme olej. Na strednom ohni opečte cibuľu dozlatista. Pridajte všetky ostatné ingrediencie okrem listov koriandra.

- Dobre premiešame a na miernom ohni za občasného miešania varíme 40 minút.

- Ozdobte lístkami koriandra. Podávajte horúce.

Indické pečené kura

4 porcie

Ingrediencie

1 kg / 2 ¼ lb kuracieho mäsa

1 lyžica citrónovej šťavy

soľ podľa chuti

2 veľké cibule

2,5 cm / 1 palec koreň zázvoru

4 strúčiky cesnaku

3 karafiáty

3 kapsuly zeleného kardamónu

5 cm / 2 palce škorice

4 lyžice rafinovaného rastlinného oleja

200 g / 7 oz strúhanky

2 nakrájané jablká

4 varené vajcia, nakrájané

Metóda

- Marinujte kurča s citrónovou šťavou a soľou po dobu 1 hodiny.

- Cibuľu, zázvor, cesnak, klinčeky, kardamón a škoricu pomelieme s dostatočným množstvom vody, aby vznikla hladká pasta.

- Na panvici rozohrejeme olej. Pridajte pastu a smažte na miernom ohni 7 minút. Pridajte strúhanku, jablká a soľ. Varte 3-4 minúty.

- Touto zmesou naplňte kura a pečte pri teplote 230 °C (450 °F, plyn Mark 8) 40 minút. Ozdobte vajíčkami. Podávajte horúce.

Pikantné ťahanie

4 porcie

Ingrediencie

3 lyžice rafinovaného rastlinného oleja

750 g / 1 lb 10 oz kuracie párky, nakrájané na plátky

4 zelené papriky, julien

1 lyžička čili prášku

2 lyžičky mletého kmínu

10 nasekaných strúčikov cesnaku

3 paradajky, rozdelené na štyri

4 polievkové lyžice studenej vody

½ lyžičky čerstvo mletého korenia

soľ podľa chuti

4 vajcia, zľahka rozšľahané

Metóda

- Na panvici rozohrejeme olej. Pridajte klobásy a smažte na strednom ohni do zlatista. Pridajte všetky zvyšné ingrediencie okrem vajec. Dobre premiešajte. Varte na miernom ohni 8 až 10 minút.

- Opatrne pridajte vajcia a miešajte, kým vajcia nestuhnú. Podávajte horúce.

Kuracie kari so suchým kokosom

4 porcie

Ingrediencie

1 kg / 2 ¼ lb kuracie mäso, nakrájané na 12 kusov

soľ podľa chuti

polovica citrónovej šťavy

1 veľká cibuľa, nakrájaná na plátky

4 lyžice sušeného kokosu

1 lyžička šafranu

8 strúčikov cesnaku

2,5 cm / 1 palec koreň zázvoru

½ lyžičky semien feniklu

1 lyžička garam masala

1 lyžička maku

4 lyžice rafinovaného rastlinného oleja

500 ml / 16 fl oz vody

Metóda

- Marinujte kurča soľou a citrónovou šťavou po dobu 30 minút.

- Cibuľu a kokos opražíme nasucho 5 minút.

- Zmiešajte so všetkými zvyšnými ingredienciami okrem oleja a vody. Rozdrvte s dostatočným množstvom vody, aby ste vytvorili hladkú pastu.

- Na panvici rozohrejeme olej. Pridajte pastu a smažte na miernom ohni 7-8 minút. Pridajte kuracie mäso a vodu. Varte 40 minút. Podávajte horúce.

Jednoduché kura

4 porcie

Ingrediencie

1 kg / 2 ¼ lb kuracie mäso, nakrájané na 8 kusov

soľ podľa chuti

1 lyžička čili prášku

½ lyžičky šafranu

3 lyžice rafinovaného rastlinného oleja

2 veľké cibule, nakrájané nadrobno

1 lyžička zázvorovej pasty

1 lyžička cesnakovej pasty

4-5 celých červených paprík, zbavených semienok

4 malé paradajky nakrájané nadrobno

1 polievková lyžica garam masala

250 ml / 8 fl oz vody

Metóda

- Marinujte kurča so soľou, čili práškom a kurkumou 1 hodinu.

- Na panvici rozohrejeme olej. Pridajte cibuľu a smažte na strednom ohni dozlatista. Pridajte zázvorovú pastu a cesnakovú pastu. Smažte 1 minútu.

- Pridajte marinované kuracie mäso a zvyšné prísady. Dobre premiešajte. Prikryjeme pokrievkou a varíme 40 minút. Podávajte horúce.

Južné kuracie kari

4 porcie

Ingrediencie

1 lyžička zázvorovej pasty

1 lyžička cesnakovej pasty

2 zelené papriky, nakrájané

1 lyžička citrónovej šťavy

soľ podľa chuti

1 kg / 2 ¼ lb kuracie mäso, nakrájané na 10 kusov

3 lyžice rafinovaného rastlinného oleja

2,5 cm / 1 palec škorice

3 kapsuly zeleného kardamónu

3 karafiáty

1 badián

2 bobkové listy

3 veľké cibule, nakrájané nadrobno

½ lyžičky čili prášku

½ lyžičky šafranu

1 lyžica mletého koriandra

250 ml / 8 fl oz kokosového mlieka

Na dochutenie:

½ lyžičky horčičných semienok

8 kari listov

3 celé sušené červené papriky

Metóda

- Zmiešajte zázvorovú pastu, cesnakovú pastu, zelené korenie, citrónovú šťavu a soľ. Touto zmesou marinujte kurča 30 minút.

- Na panvici zohrejte polovicu oleja. Pridajte škoricu, kardamón, klinčeky, badián a bobkové listy. Nechajte ich 30 sekúnd bľabotať.

- Pridajte cibuľu a smažte na strednom ohni dozlatista.

- Pridajte marinované kuracie mäso, čili prášok, kurkumu a mletý koriander. Dobre premiešame a prikryjeme pokrievkou. Varte na miernom ohni 20 minút.

- Pridajte kokosové mlieko. Dobre premiešame a za stáleho miešania varíme ďalších 10 minút. Odložte bokom.

- Zvyšný olej zohrejte na malej panvici. Pridajte koreniace prísady. Nechajte ich 30 sekúnd bľabotať.

- Nalejte toto korenie do kuracieho kari. Dobre premiešame a podávame horúce.

Kuracie guláš s kokosovým mliekom

4 porcie

Ingrediencie

2 lyžice rafinovaného rastlinného oleja

2 cibule, každá nakrájaná na 8 kusov

1 lyžička zázvorovej pasty

1 lyžička cesnakovej pasty

3 zelené papriky, pozdĺžne prekrojené

2 lyžice garam masala

8 kuracích paličiek

750 ml / 1¼ pinty kokosového mlieka

200 g / 7 oz mrazená zelenina

soľ podľa chuti

2 ČL ryžovej múky rozpustenej v 120 ml / 4 fl oz vody

Metóda

- Na panvici rozohrejeme olej. Pridajte cibuľu, zázvorovú pastu, cesnakovú pastu, zelené čili a garam masalu. Za stáleho miešania smažte 5 minút.

- Pridajte coxiny a kokosové mlieko. Dobre premiešajte. Varte 20 minút.

- Pridajte zeleninu a soľ. Dobre premiešame a varíme 15 minút.

- Pridajte zmes ryžovej múky. Varte 5-10 minút a podávajte horúce.

Chandi Tikka

(Vyprážané kuracie kúsky obalené ovsenými vločkami)

4 porcie

Ingrediencie

1 lyžica citrónovej šťavy

1 lyžička zázvorovej pasty

1 lyžička cesnakovej pasty

75 g syra čedar

200 g / 7 uncí jogurtu

¾ lyžičky mletého bieleho korenia

1 lyžička semien čierneho kmínu

soľ podľa chuti

4 kuracie prsia

1 rozšľahané vajce

45 g / 1½ oz ovsa

Metóda

- Zmiešajte všetky ingrediencie okrem kuracích pŕs, vajíčka a ovsených vločiek. Touto zmesou marinujte kurča 3-4 hodiny.

- Marinované kuracie prsia namáčame vo vajci, navrch dáme ovsené vločky a za občasného otáčania grilujeme jednu hodinu. Podávajte horúce.

Tandoori kura

4 porcie

Ingrediencie

1 lyžica citrónovej šťavy

2 čajové lyžičky zázvorovej pasty

2 lyžičky cesnakovej pasty

2 zelené papriky, jemne nastrúhané

1 lyžica listov koriandra, mleté

1 lyžička čili prášku

1 polievková lyžica garam masala

1 polievková lyžica mletej surovej papáje

½ lyžičky oranžového farbiva

1 ½ lyžice rafinovaného rastlinného oleja

soľ podľa chuti

1 kg / 2 ¼ lb celé kurča

Metóda

- Zmiešajte všetky ingrediencie okrem kuracieho mäsa. Do kurčaťa urobte zárezy a s touto zmesou marinujte 6-8 hodín.

- Kura pečte v rúre vyhriatej na 200 °C (400 °F, plyn Mark 6) 40 minút. Podávajte horúce.

Murgh Lajawab

(Kura pečené s bohatým indickým korením)

4 porcie

Ingrediencie

- 1 kg / 2 ¼ lb kuracieho mäsa, nakrájaného na 8 kusov 1 ČL zázvorovej pasty
- 1 lyžička cesnakovej pasty
- 4 polievkové lyžice ghí
- 2 lyžičky maku, mletého
- 1 lyžička melónových semienok*, podlaha
- 6 mandlí
- 3 kapsuly zeleného kardamónu
- ¼ lyžičky mletého muškátového oriešKa
- 1 lyžička garam masala
- 2 kusy jablka
- soľ podľa chuti
- 750 ml / 1¼ pinty mlieka
- 6 nití šafranu

Metóda

- Kuracie mäso marinujte v zázvorovej a cesnakovej paste hodinu.

- Na panvici zohrejte ghee a marinované kura opečte 10 minút na strednom ohni.

- Pridajte všetky zvyšné ingrediencie okrem mlieka a šafranu. Dobre premiešame, prikryjeme pokrievkou a varíme 20 minút.

- Pridajte mlieko a šafran a varte 10 minút. Podávajte horúce.

kuracie lahori

(kura v štýle severozápadnej hranice)

4 porcie

Ingrediencie

50 g / 1¾ oz jogurt

1 lyžička zázvorovej pasty

1 lyžička cesnakovej pasty

1 lyžička čili prášku

½ lyžičky šafranu

1 kg / 2 ¼ lb kuracie mäso, nakrájané na 12 kusov

4 lyžice rafinovaného rastlinného oleja

2 veľké cibule, nakrájané nadrobno

1 lyžička sezamových semienok, mleté

1 lyžička maku, mletého

10 kešu orieškov, mletých

2 veľké zelené papriky zbavené semienok a nakrájané

500 ml / 16 fl oz kokosové mlieko

soľ podľa chuti

Metóda

- Zmiešajte jogurt, zázvorovú pastu, cesnakovú pastu, čili prášok a kurkumu. V tejto zmesi marinujte kurča 1 hodinu.

- Na panvici rozohrejeme olej. Na miernom ohni opečte cibuľu do zlatista.

- Pridajte marinované kuracie mäso. Smažte 7-8 minút. Pridajte všetky zvyšné ingrediencie a za občasného miešania varte 30 minút. Podávajte horúce.

kuracia pečeň

4 porcie

Ingrediencie

3 lyžice rafinovaného rastlinného oleja

2 veľké cibule, nakrájané nadrobno

5 nasekaných strúčikov cesnaku

8 kuracích pečienok

1 lyžička mletého čierneho korenia

1 lyžička citrónovej šťavy

soľ podľa chuti

Metóda

- Na panvici rozohrejeme olej. Pridajte cibuľu a cesnak. Smažte na strednom ohni 3-4 minúty.

- Pridajte všetky zvyšné ingrediencie. Smažte 15-20 minút, občas premiešajte. Podávajte horúce.

balti kura

4 porcie

Ingrediencie

4 polievkové lyžice ghí

1 lyžička šafranu

1 lyžica horčičných semienok

1 lyžica semien rasce

8 nasekaných strúčikov cesnaku

2,5 cm / 1 palec Koreň zázvoru, jemne nasekaný

3 malé cibule, nasekané

7 zelených paprík

750 g / 1 lb 10 oz kuracie prsia, nasekané

1 lyžica mletého koriandra

1 polievková lyžica jednoduchého krému

1 lyžička garam masala

soľ podľa chuti

Metóda

- Na panvici zohrejte ghee. Pridajte kurkumu, horčičné semienka a rascu. Nechajte ich 30 sekúnd bľabotať. Pridajte cesnak, zázvor, cibuľu a zelenú papriku a za stáleho miešania smažte na strednom ohni 2-3 minúty.

- Pridajte všetky zvyšné ingrediencie. Varte na miernom ohni 30 minút, občas premiešajte. Podávajte horúce.

Pikantné kura

4 porcie

Ingrediencie

8 kuracích paličiek

2 čajové lyžičky zelenej čili omáčky

2 lyžice rafinovaného rastlinného oleja

2 veľké cibule, nakrájané nadrobno

10 nasekaných strúčikov cesnaku

soľ podľa chuti

štipka cukru

2 čajové lyžičky sladového octu

Metóda

- Kuracie mäso marinujte v paprikovej omáčke 30 minút.

- Na panvici rozohrejeme olej. Pridajte cibuľu a smažte na strednom ohni, kým nebude priehľadná.

- Pridajte cesnak, marinované kuracie mäso a soľ. Dobre premiešame a za občasného miešania varíme na miernom ohni 30 minút.

- Pridajte cukor a ocot. Dobre premiešame a podávame horúce.

Kuracie Dilruba

(Kura v bohatej omáčke)

4 porcie

Ingrediencie

5 lyžíc rafinovaného rastlinného oleja

20 mandlí, mletých

20 kešu orieškov, mletých

2 malé cibule, nasekané

5 cm / 2 palce. Koreň zázvoru, strúhaný

1 kg / 2 ¼ lb kuracie mäso, nakrájané na 8 kusov

200 g / 7 uncí jogurtu

240 ml / 6 fl oz mlieka

1 lyžička garam masala

½ lyžičky šafranu

1 lyžička čili prášku

soľ podľa chuti

1 štipka šafranu, namočená v 1 polievkovej lyžici mlieka

2 lyžice koriandrových listov, nasekaných

Metóda

- Na panvici rozohrejeme olej. Pridajte mandle, kešu, cibuľu a zázvor. Smažte na strednom ohni 3 minúty.

- Pridajte kuracie mäso a jogurt. Dobre premiešajte a varte na strednom ohni 20 minút.

- Pridajte mlieko, garam masalu, kurkumu, čili prášok a soľ. Dobre premiešajte. Prikryjeme pokrievkou a na miernom ohni dusíme 20 minút.

- Ozdobíme lístkami šafranu a koriandra. Podávajte horúce.

Vyprážané kuracie krídelká

4 porcie

Ingrediencie

¼ lyžičky šafranu

1 lyžička garam masala

1 čajová lyžička chaat masala[*]

soľ podľa chuti

1 rozšľahané vajce

Rafinovaný rastlinný olej na vyprážanie

12 kuracích krídel

Metóda

- Kurkumu, garam masalu, chaat masalu, soľ a vajíčko zmiešame na hladké cesto.

- Na panvici rozohrejeme olej. Kuracie krídelká namáčame v cestíčku a smažíme na strednom ohni do zlatista.

- Scedíme na savý papier a podávame horúce.

Murgh Mussalam

(Naplnené kura)

6 porcií

Ingrediencie

2 polievkové lyžice ghee

2 veľké cibule, strúhané

4 kapsuly čierneho kardamónu, mletého

1 lyžička maku

50 g / 1¾ oz sušeného kokosu

1 lyžička jablka

1 kg / 2 ¼ lb kuracieho mäsa

4-5 lyžíc besanu*

2-3 bobkové listy

6-7 kapsúl zeleného kardamónu

3 lyžice cesnakovej pasty

200 g / 7 uncí jogurtu

soľ podľa chuti

Metóda

- Na panvici zohrejte ½ lyžice ghee. Pridajte cibuľu a opečte dozlatista.

- Pridáme kardamón, mak, kokos a jablko. Smažte 3 minúty.

- Touto zmesou naplníme kurča a otvor zašijeme. Odložte bokom.

- Zohrejte zvyšné ghee na panvici. Pridajte všetky zvyšné ingrediencie a kuracie mäso. Varte 1 1/2 hodiny za občasného miešania. Podávajte horúce.

Kuracie potešenie

4 porcie

Ingrediencie

4 lyžice rafinovaného rastlinného oleja

5 cm / 2 palce. škoricový prášok

1 polievková lyžica kardamónového prášku

8 mletých klinčekov

½ lyžičky strúhaného muškátového orieška

2 veľké cibule, nasekané

10 prelisovaných strúčikov cesnaku

2,5 cm / 1 palec Koreň zázvoru, strúhaný

soľ podľa chuti

1 kg / 2 ¼ lb kuracie mäso, nakrájané na 8 kusov

200 g / 7 uncí jogurtu

300 g / 10 oz paradajkový pretlak

Metóda

- Na panvici rozohrejeme olej. Pridajte škoricu, kardamón, klinčeky, muškátový oriešok, cibuľu, cesnak a zázvor. Smažte na strednom ohni 5 minút.

- Pridajte soľ, kuracie mäso, jogurt a paradajkový pretlak. Dobre premiešame a za stáleho miešania varíme 40 minút. Podávajte horúce.

Kuracie Salli

(Kura s hranolkami)

4 porcie

Ingrediencie

soľ podľa chuti

1 lyžička zázvorovej pasty

1 lyžička cesnakovej pasty

1 kg / 2 ¼ lb kuracie mäso, mleté

3 lyžice rafinovaného rastlinného oleja

2 veľké cibule, nakrájané nadrobno

1 lyžička cukru

4 paradajky, pyré

1 lyžička šafranu

250 g / 9 oz hladké solené zemiakové lupienky

Metóda

- Zmiešajte soľ, zázvorovú pastu a cesnakovú pastu. V tejto zmesi marinujte kurča 1 hodinu. Odložte bokom.

- Na panvici rozohrejeme olej. Na miernom ohni opečte cibuľu do zlatista.

- Pridajte marinované kuracie mäso a cukor, paradajkový pretlak a kurkumu. Prikryjeme pokrievkou a za stáleho miešania varíme 40 minút.

- Navrch posypte hranolky a podávajte horúce.

Vyprážané kuracie Tikka

4 porcie

Ingrediencie

1 kg / 2 ¼ lb vykostené kuracie mäso, nakrájané

1 liter / 1 liter mlieka

1 lyžička šafranu

8 kapsúl zeleného kardamónu

5 karafiátov

2,5 cm / 1 palec škorice

2 bobkové listy

250 g / 9 oz ryža Basmati

4 čajové lyžičky semien feniklu

soľ podľa chuti

150 g / 5 ½ oz jogurtu

Rafinovaný rastlinný olej na vyprážanie

Metóda

- Kuracie mäso zmiešame s mliekom, šafranom, kardamónom, klinčekmi, škoricou a bobkovým listom. Varte na panvici na miernom ohni 50 minút. Odložte bokom.

- Ryžu pomelieme s feniklovými semienkami, soľou a dostatočným množstvom vody, aby vznikla jemná pasta. Pridajte túto pastu do jogurtu a dobre prešľahajte.

- Na panvici rozohrejeme olej. Kuracie kúsky ponorte do jogurtovej zmesi a opečte na strednom ohni do zlatista. Podávajte horúce.

lov kurčiat

4 porcie

Ingrediencie

500 g / 1 lb 2 oz kuracie mäso, mleté

10 strúčikov cesnaku, mletého

5 cm / 2 palce. Koreň zázvoru, julienne

2 zelené papriky, nakrájané

½ lyžičky semien čierneho kmínu

soľ podľa chuti

Metóda

- Mleté mäso zmiešame so všetkými surovinami a miesime, kým nám nevznikne hladké cesto. Túto zmes rozdeľte na 8 rovnakých častí.

- Napichajte na špíz a grilujte 10 minút.

- Podávame horúce s mätovým chutney

Nadan Kozhikari

(Kura s feniklom a kokosovým mliekom)

4 porcie

Ingrediencie

½ lyžičky šafranu

2 čajové lyžičky zázvorovej pasty

soľ podľa chuti

1 kg / 2 ¼ lb kuracie mäso, nakrájané na 8 kusov

1 lyžica koriandrových semienok

3 červené papriky

1 lyžička semien feniklu

1 lyžička horčičných semienok

3 veľké cibule

3 lyžice rafinovaného rastlinného oleja

750 ml / 1¼ pinty kokosového mlieka

250 ml / 8 fl oz vody

10 kari listov

Metóda

- Miešajte kurkumu, zázvorovú pastu a soľ spolu 1 hodinu. V tejto zmesi marinujte kurča 1 hodinu.

- Nasucho opražené koriandrové semienka, červená paprika, feniklové semienka a horčičné semienka. Zmiešajte s cibuľou a rozdrvte, kým nezískate hladkú pastu.

- Na panvici rozohrejeme olej. Pridajte cibuľovú pastu a smažte na miernom ohni 7 minút. Pridajte marinované kuracie mäso, kokosové mlieko a vodu. Varte 40 minút. Podávame ozdobené kari listami.

mamine kura

4 porcie

Ingrediencie

3 lyžice rafinovaného rastlinného oleja

5 cm / 2 palce škorice

2 kapsuly zeleného kardamónu

4 klinčeky

4 veľké cibule, nakrájané nadrobno

2,5 cm / 1 palec Koreň zázvoru, strúhaný

8 prelisovaných strúčikov cesnaku

3 veľké paradajky nakrájané nadrobno

2 čajové lyžičky mletého koriandra

1 lyžička šafranu

soľ podľa chuti

1 kg / 2 ¼ lb kuracie mäso, nakrájané na 12 kusov

500 ml / 16 fl oz vody

Metóda

- Na panvici rozohrejeme olej. Pridajte škoricu, kardamón a klinčeky. Nechajte ich 15 sekúnd bľabotať.
- Pridajte cibuľu, zázvor a cesnak. Smažte na strednom ohni 2 minúty.
- Pridajte zvyšné ingrediencie okrem vody. Smažte 5 minút.
- Nalejte do vody. Dobre premiešame a varíme 40 minút. Podávajte horúce.

Kuracie Methi

(Kura dusené s listami senovky gréckej)

4 porcie

Ingrediencie

1 lyžička zázvorovej pasty

2 lyžičky cesnakovej pasty

2 čajové lyžičky mletého koriandra

½ lyžičky mletých klinčekov

1 citrónová šťava

1 kg / 2 ¼ lb kuracie mäso, nakrájané na 8 kusov

4 lyžičky masla

1 lyžička sušeného práškového zázvoru

2 polievkové lyžice sušených listov senovky gréckej

50 g / 1¾ oz listov koriandra, nasekaných

10 g / ¼ oz lístkov mäty, jemne nasekaných

soľ podľa chuti

Metóda

- Zmiešajte zázvorovú pastu, cesnakovú pastu, mletý koriander, klinčeky a polovicu limetkovej šťavy. V tejto zmesi marinujte kurča 2 hodiny.
- Pečieme pri 200 °C (400 °F, plyn Mark 6) 50 minút. Odložte bokom.
- Na panvici rozohrejeme maslo. Pridajte pečené kura a všetky zvyšné ingrediencie. Hrať dobre. Varte 5-6 minút a podávajte horúce.

Pikantné kuracie paličky

4 porcie

Ingrediencie

8-10 kuracích paličiek, napichaných vidličkou

2 rozšľahané vajcia

100 g / 3 ½ oz krupice

Rafinovaný rastlinný olej na vyprážanie

Pre zmes korenia:

6 červených paprík

6 strúčikov cesnaku

2,5 cm / 1 palec koreň zázvoru

1 lyžica nasekaných listov koriandra

6 karafiátov

15 zrniek čierneho korenia

soľ podľa chuti

4 polievkové lyžice sladového octu

Metóda

- Suroviny zmesi korenia rozdrvte na hladkú pastu. V tejto paste necháme paličky hodinu marinovať.
- Na panvici rozohrejeme olej. Namočte paličky do vajíčka, namočte do krupice a opečte na strednom ohni do zlatista. Podávajte horúce.

Dieterovo kuracie kari

4 porcie

Ingrediencie

1 lyžička zázvorovej pasty

1 lyžička cesnakovej pasty

200 g / 7 uncí jogurtu

1 lyžička čili prášku

½ lyžičky šafranu

2 nakrájané paradajky

1 lyžička mletého koriandra

1 lyžička mletého kmínu

1 lyžička sušených listov senovky gréckej, rozdrvených

2 čajové lyžičky garam masala

1 lyžička nálevu z manga

soľ podľa chuti

750 g / 1 lb 10 oz kuracie mäso, mleté

Metóda

- Zmiešajte všetky ingrediencie okrem kuracieho mäsa. V tejto zmesi marinujte kurča 3 hodiny.
- Zmes varte v hlinenej nádobe alebo hrnci na miernom ohni 40 minút. V prípade potreby pridajte vodu. Podávajte horúce.

Nebeské kura

4 porcie

Ingrediencie

4 lyžice rafinovaného rastlinného oleja

1 kg / 2 ¼ lb kuracie mäso, nakrájané na 8 kusov

soľ podľa chuti

1 lyžička papriky

1 lyžička šafranu

6 nadrobno nakrájanej pažítky

250 ml / 8 fl oz vody

Pre zmes korenia:

1½ lyžičky zázvorovej pasty

1½ lyžičky cesnakovej pasty

3 zelené papriky, zbavené semienok a nakrájané na plátky

2 zelené papriky

½ čerstvého kokosu, strúhaného

2 nakrájané paradajky

Metóda

- Suroviny zmesi korenia rozdrvte na hladkú pastu.
- Na panvici rozohrejeme olej. Pridajte pastu a smažte na miernom ohni 7 minút. Pridajte zvyšné ingrediencie okrem vody. Smažte 5 minút. Pridajte vodu. Dobre premiešame a varíme 40 minút. Podávajte horúce.

kuracie rizala

4 porcie

Ingrediencie

6 polievkových lyžíc rafinovaného rastlinného oleja

2 veľké cibule, pozdĺžne nakrájané

1 lyžička zázvorovej pasty

1 lyžička cesnakovej pasty

2 lyžice maku, mletého

1 lyžica mletého koriandra

2 veľké zelené papriky, julienned

360 ml / 12 fl oz vody

1 kg / 2 ¼ lb kuracie mäso, nakrájané na 8 kusov

6 kapsúl zeleného kardamónu

5 karafiátov

200 g / 7 uncí jogurtu

1 lyžička garam masala

1 citrónová šťava

soľ podľa chuti

Metóda

- Na panvici rozohrejeme olej. Pridajte cibuľu, zázvorovú pastu, cesnakovú pastu, mak a mletý koriander. Smažte na miernom ohni 2 minúty.
- Pridajte všetky zvyšné ingrediencie a dobre premiešajte. Prikryjeme pokrievkou a za občasného miešania varíme 40 minút. Podávajte horúce.

Kuracie prekvapenie

4 porcie

Ingrediencie

150 g / 5½ oz listov koriandra, nasekaných

10 strúčikov cesnaku

2,5 cm / 1 palec koreň zázvoru

1 lyžička garam masala

1 lyžica tamarindovej pasty

2 čajové lyžičky semien rasce

1 lyžička šafranu

4 polievkové lyžice vody

soľ podľa chuti

1 kg / 2 ¼ lb kuracie mäso, nakrájané na 8 kusov

Rafinovaný rastlinný olej na vyprážanie

2 rozšľahané vajcia

Metóda
- Všetky ingrediencie okrem kuracieho mäsa, oleja a vajec pomelieme na hladkú pastu. Touto pastou marinujte kurča 2 hodiny.
- Na panvici rozohrejeme olej. Každý kus kurčaťa ponorte do vajíčok a smažte na strednom ohni do zlatista. Podávajte horúce.

syrové kura

4 porcie

Ingrediencie

12 kuracích paličiek

4 polievkové lyžice masla

1 lyžička zázvorovej pasty

1 lyžička cesnakovej pasty

2 veľké cibule, nakrájané nadrobno

1 lyžička garam masala

soľ podľa chuti

200 g / 7 uncí jogurtu

Na marinádu:

1 lyžička zázvorovej pasty

1 lyžička cesnakovej pasty

1 lyžica citrónovej šťavy

¼ lyžičky garam masala

4 polievkové lyžice jednoduchého krému

4 lyžice strúhaného syra čedar

soľ podľa chuti

Metóda

- Paličky prepichnite vidličkou. Zmiešajte všetky ingrediencie na marinádu. V tejto zmesi marinujte paličky 8 až 10 hodín.
- Na panvici rozohrejeme maslo. Pridajte zázvorovú pastu a cesnakovú pastu. Smažte na strednom ohni 1-2 minúty. Pridajte všetky zvyšné ingrediencie okrem jogurtu. Smažte 5 minút.
- Pridajte paličky a jogurt. Varte 40 minút. Podávajte horúce.

hovädzie korma

(Hovädzie mäso varené v pikantnej omáčke)

4 porcie

Ingrediencie

4 lyžice rafinovaného rastlinného oleja

2 veľké cibule, nakrájané nadrobno

675 g / 1 ½ lb hovädzieho mäsa, nakrájaného na 2,5 cm / 1 palca

360 ml / 12 fl oz vody

½ lyžičky škoricového prášku

120 ml / 4 fl oz jeden krém

125 g / 4 ½ unce jogurtu

1 lyžička garam masala

soľ podľa chuti

10 g / ¼ oz listov koriandra, jemne nasekaných

Pre zmes korenia:

1 ½ lyžičky koriandrových semienok

¾ lyžice rascových semien

3 kapsuly zeleného kardamónu

4 zrnká čierneho korenia

6 karafiátov

2,5 cm / 1 palec koreň zázvoru

10 strúčikov cesnaku

15 mandlí

Metóda

- Zmiešajte všetky ingrediencie zmesi korenia a rozdrvte s dostatočným množstvom vody, aby ste vytvorili hladkú pastu. Odložte bokom.
- Na panvici rozohrejeme olej. Pridajte cibuľu a smažte na strednom ohni dozlatista.
- Pridajte zmes korenia a mäso. Smažte 2-3 minúty. Pridajte vodu. Dobre premiešame a varíme 45 minút.
- Pridajte škoricový prášok, smotanu, jogurt, garam masalu a soľ. Dobre miešajte 3-4 minúty.
- Hovädziu kormu ozdobte lístkami koriandra. Podávajte horúce.

Dhal Kheema

(Moja so šošovicou)

4 porcie

Ingrediencie

675 g / 1½ lb jahňacie, mleté

1 lyžička zázvorovej pasty

1 lyžička cesnakovej pasty

3 veľké cibule, nakrájané nadrobno

360 ml / 12 fl oz vody

soľ podľa chuti

600 g / 1 lb 5 oz chana dhal*, namočenú v 250 ml / 8 fl oz vody na 30 minút

½ lyžičky tamarindovej pasty

60 ml / 2 fl oz rafinovaného rastlinného oleja

4 klinčeky

2,5 cm / 1 palec škorice

2 kapsuly zeleného kardamónu

4 zrnká čierneho korenia

10 g / ¼ oz listov koriandra, jemne nasekaných

Pre zmes korenia:

2 čajové lyžičky koriandrových semienok

3 červené papriky

½ lyžičky šafranu

¼ lyžičky rascového semena

25 g / málo 1 oz čerstvého kokosu, strúhaného

1 lyžička maku

Metóda

- Všetky ingrediencie zmesi korenia pečieme nasucho. Túto zmes rozotrite s dostatočným množstvom vody, aby vznikla hladká pasta. Odložte bokom.
- Mleté jahňacie mäso zmiešame so zázvorovou pastou, cesnakovou pastou, polovicou cibule, zvyškom vody a soľou. Varte na panvici na strednom ohni 40 minút.
- Pridajte chana dhal spolu s vodou, v ktorej bola namočená. Dobre premiešajte. Varte 10 minút.
- Pridajte pastu zo zmesi korenia a tamarindovú pastu. Prikryjeme pokrievkou a za občasného miešania varíme 10 minút. Odložte bokom.
- Na panvici rozohrejeme olej. Pridajte zvyšnú cibuľu a smažte na strednom ohni dozlatista.
- Pridajte klinčeky, škoricu, kardamón a korenie. Smažte minútu.
- Odstavíme z ohňa a nalejeme priamo na zmes mletého mäsa. Dobre miešajte jednu minútu.
- Ozdobte dhal kheema listami koriandra. Podávajte horúce.

bravčové kari

4 porcie

Ingrediencie

500 g / 1 lb 2 oz bravčové mäso, nakrájané na 2,5 cm / 1 na kusy

1 polievková lyžica sladového octu

6 kari listov

2,5 cm / 1 palec škorice

3 karafiáty

500 ml / 16 fl oz vody

soľ podľa chuti

2 veľké zemiaky nakrájané na kocky

3 lyžice rafinovaného rastlinného oleja

1 lyžička garam masala

Pre zmes korenia:

1 lyžica koriandrových semienok

1 lyžička semien rasce

6 zrniek čierneho korenia

½ lyžičky šafranu

4 červené papriky

2 veľké cibule, nakrájané nadrobno

2,5 cm / 1 palec Koreň zázvoru, nakrájaný na plátky

10 nakrájaných strúčikov cesnaku

½ lyžičky tamarindovej pasty

Metóda

- Všetky ingrediencie na zmes korenia zmiešame. Rozdrvte s dostatočným množstvom vody, aby ste vytvorili hladkú pastu. Odložte bokom.
- Bravčové mäso zmiešame s octom, kari listami, škoricou, klinčekmi, vodou a soľou. Túto zmes varte v panvici na strednom ohni 40 minút.
- Pridajte zemiaky. Dobre premiešame a varíme 10 minút. Odložte bokom.
- Na panvici rozohrejeme olej. Pridajte korenistú pastu a smažte na strednom ohni 3-4 minúty.
- Pridajte bravčovú zmes a garam masalu. Dobre premiešajte. Prikryjeme pokrievkou a za občasného miešania varíme 10 minút.
- Podávajte horúce.

Shikampoore Kebab

(Jahňací kebab)

4 porcie

Ingrediencie

3 veľké cibule

8 strúčikov cesnaku

2,5 cm / 1 palec koreň zázvoru

6 sušených červených paprík

4 lyžice ghee plus navyše na vyprážanie

1 lyžička šafranu

1 lyžička mletého koriandra

½ lyžičky mletého kmínu

10 mandlí, mletých

10 pistácií, mleté

1 lyžička garam masala

Štipka škoricového prášku

1 lyžica mletých klinčekov

1 polievková lyžica mletého zeleného kardamónu

2 polievkové lyžice kokosového mlieka

soľ podľa chuti

1 lyžica besanu*

750 g / 1 lb 10 oz jahňacie, mleté

200 g / 7 uncí gréckeho jogurtu

1 polievková lyžica mätových listov, mletých

Metóda

- Zmiešajte cibuľu, cesnak, zázvor a korenie.
- Túto zmes rozotrite s dostatočným množstvom vody, aby vznikla hladká pasta.
- Na panvici zohrejte ghee. Pridajte túto pastu a smažte na strednom ohni 1-2 minúty.
- Pridáme kurkumu, koriander a mletú rascu. Smažte minútu.
- Pridajte mleté mandle, mleté pistácie, garam masalu, mletú škoricu, mleté klinčeky a kardamón. Pokračujte v smažení 2-3 minúty.
- Pridáme kokosové mlieko a soľ. Dobre premiešajte. Miešajte 5 minút.
- Pridajte besan a mleté mäso. Dobre premiešajte. Varte 30 minút za občasného miešania. Odstráňte z tepla a nechajte 10 minút vychladnúť.
- Keď zmes vychladne, rozdelíme ju na 8 guličiek a každú rozotrieme na rezne. Odložte bokom.

- Jogurt dobre vyšľaháme s lístkami mäty. Umiestnite veľkú lyžicu tejto zmesi do stredu každej plochej kotlety. Utesnite ako vrece, zrolujte do gule a znova vyrovnajte.
- Na panvici zohrejte ghee. Pridajte kotlety a smažte na strednom ohni do zlatista. Podávajte horúce.

Špeciálne jahňacie

4 porcie

Ingrediencie

5 lyžíc ghí

4 veľké cibule, nakrájané na plátky

2 paradajky, nakrájané na plátky

675 g / 1 ½ lb jahňacieho mäsa, nakrájaného na 3,5 cm / 1 ½ palca

1 liter vody

soľ podľa chuti

Pre zmes korenia:

10 strúčikov cesnaku

3 zelené papriky

3,5 cm / 1½ palca. koreň zázvoru

4 klinčeky

2,5 cm / 1 palec škorice

1 polievková lyžica maku

1 lyžička semien čierneho kmínu

1 lyžička semien rasce

2 kapsuly zeleného kardamónu

2 lyžice koriandrových semienok

7 zrniek korenia

5 sušených červených paprík

1 lyžička šafranu

1 polievková lyžica chana dhal*

25 g / malý 1 oz lístkov mäty

25 g / malá 1 oz lístkov koriandra

100 g / 3 ½ oz čerstvého kokosu, strúhaného

Metóda
- Zmiešajte všetky ingrediencie zmesi korenia a rozdrvte s dostatočným množstvom vody, aby ste vytvorili hladkú pastu. Odložte bokom.
- Na panvici zohrejte ghee. Pridajte cibuľu a smažte na strednom ohni dozlatista.
- Pridajte pastu zo zmesi korenia. Smažte 3-4 minúty za občasného miešania.
- Pridajte paradajky a jahňacie mäso. Smažte 8-10 minút. Pridajte vodu a soľ. Dobre premiešame, prikryjeme pokrievkou a za občasného miešania varíme 45 minút. Podávajte horúce.

Zelené kotlety Masala

4 porcie

Ingrediencie

750 g / 1 lb 10 oz jahňacie kotlety

soľ podľa chuti

360 ml / 12 fl oz rafinovaného rastlinného oleja

3 veľké zemiaky, nakrájané na plátky

5 cm / 2 palce škorice

2 kapsuly zeleného kardamónu

4 klinčeky

3 paradajky nakrájané nadrobno

¼ lyžičky šafranu

120 ml / 4 fl oz octu

250 ml / 8 fl oz vody

Pre zmes korenia:

3 veľké cibule

2,5 cm / 1 palec koreň zázvoru

10-12 strúčikov cesnaku

¼ lyžičky rascového semena

6 zelených paprík, pozdĺžne prekrojených

1 lyžička semien koriandra

1 lyžička semien rasce

50 g / 1¾ oz lístkov koriandra, jemne nasekaných

Metóda

- Jahňacie mäso necháme hodinu marinovať so soľou.
- Zmiešajte všetky ingrediencie zmesi korenia. Rozdrvte s dostatočným množstvom vody, aby ste vytvorili hladkú pastu. Odložte bokom.
- Na panvici rozohrejeme polovicu oleja. Pridajte zemiaky a smažte na strednom ohni do zlatista. Behajte a rezervujte si.
- Zvyšný olej zohrejte na panvici. Pridajte škoricu, kardamón a klinčeky. Nechajte ich 20 sekúnd bľabotať.
- Pridajte pastu zo zmesi korenia. Smažte na strednom ohni 3-4 minúty.
- Pridajte paradajku a šafran. Pokračujte v smažení 1-2 minúty.
- Pridajte ocot a marinované jahňacie mäso. Smažte 6-7 minút.
- Pridajte vodu a dobre premiešajte. Prikryjeme pokrievkou a za občasného miešania varíme 45 minút.
- Pridajte hranolky. Za stáleho miešania varte 5 minút. Podávajte horúce.

Vrstvený kebab

4 porcie

Ingrediencie

120 ml / 4 fl oz rafinovaného rastlinného oleja

100 g / 3½ oz strúhanky

Pre bielu vrstvu:

450 g / 1 lb kozieho syra, scedený

1 veľký zemiak, varený

½ lyžičky soli

½ lyžičky mletého čierneho korenia

½ lyžičky čili prášku

polovica citrónovej šťavy

50 g / 1¾ oz listov koriandra, nasekaných

Pre zelenú vrstvu:

200 g / 7 oz špenát

2 polievkové lyžice mung dhal*

1 veľká cibuľa nakrájaná nadrobno

2,5 cm / 1 palec koreň zázvoru

4 klinčeky

¼ lyžičky šafranu

1 lyžička garam masala

soľ podľa chuti

250 ml / 8 fl oz vody

2 polievkové lyžice besanu*

Pre oranžovú vrstvu:

1 rozšľahané vajce

1 veľká cibuľa nakrájaná nadrobno

1 lyžica citrónovej šťavy

¼ lyžičky oranžového potravinárskeho farbiva

Na mäsovú vrstvu:

500 g / 1 lb 2 oz hovädzie mäso, mleté

150 g / 5½ oz Mung Dhal*, namočený na 1 hodinu

5 cm / 2 palce. z koreňa zázvoru

6 strúčikov cesnaku

6 karafiátov

1 lyžica mletého kmínu

1 polievková lyžica čili prášku

10 zrniek čierneho korenia

600 ml / 1 liter vody

Metóda

- Suroviny na bielu vrstvu zmiešame a s trochou soli vymiešame. Odložte bokom.

- Zmiešajte všetky ingrediencie na zelenú vrstvu okrem besanu. Varte na panvici na miernom ohni 45 minút. Premiešame s besanom a odložíme bokom.
- Všetky suroviny na pomarančovú vrstvu zmiešame s trochou soli. Odložte bokom.
- Na mäsovú vrstvu zmiešajte všetky ingrediencie s trochou soli a varte na panvici na strednom ohni 40 minút. Vychladíme a roztlačíme.
- Rozdeľte každú vrstvu zmesi na 8 častí. Vyvaľkáme do guľôčok a zľahka prešľaháme, aby sa vytvorili kotlety. Položte 1 kotletu z každej vrstvy na druhú tak, aby ste získali osem 4-vrstvových placiek. Zľahka vtlačíme do podlhovastých špajlí.
- Na panvici rozohrejeme olej. Kebab namočte do strúhanky a smažte na strednom ohni do zlatista. Podávajte horúce.

Barrah Champ

(pečené jahňacie kotlety)

4 porcie

Ingrediencie

1 lyžička zázvorovej pasty

1 lyžička cesnakovej pasty

3 polievkové lyžice sladového octu

675 g / 1½ lb jahňacie kotlety

400 g / 14 uncí gréckeho jogurtu

1 lyžička šafranu

4 zelené papriky, nakrájané nadrobno

½ lyžičky čili prášku

1 lyžička mletého koriandra

1 lyžička mletého kmínu

1 lyžička škoricového prášku

¾ lyžičky mletých klinčekov

soľ podľa chuti

1 lyžica chaat masala*

Metóda

- Zmiešajte zázvorovú pastu a cesnakovú pastu s octom. Touto zmesou marinujte jahňacie mäso 2 hodiny.
- Zmiešajte všetky zvyšné ingrediencie okrem chaat masaly. V tejto zmesi marinujte jahňacie kotlety 4 hodiny.
- Kotlety napichajte na špíz a pečte v rúre pri teplote 200 °C (400 °F, plyn Mark 6) 40 minút.
- Ozdobte chaat masalou a podávajte horúce.

jahňací nálev

4 porcie

Ingrediencie

10 sušených červených paprík

10 strúčikov cesnaku

3,5 cm / 1½ palca. koreň zázvoru

soľ podľa chuti

750 ml / 1¼ pinty vody

2 polievkové lyžice jogurtu

675 g / 1 ½ lb jahňacieho mäsa, nakrájaného na 2,5 cm / 1 palca

250 ml / 8 fl oz rafinovaného rastlinného oleja

1½ lyžičky šafranu

1 lyžica koriandrových semienok

10 zrniek čierneho korenia

3 kapsuly čierneho kardamónu

4 klinčeky

3 bobkové listy

1 lyžička strúhaného jablka

¼ lyžičky strúhaného muškátového orieška

1 lyžička semien rasce

½ lyžičky horčičných semienok

100 g / 3 ½ oz sušeného kokosu

½ lyžičky asafoetida

1 citrónová šťava

Metóda

- Vmiešame červenú papriku, cesnak, zázvor a soľ. Rozdrvte s dostatočným množstvom vody, aby ste vytvorili hladkú pastu.
- Zmiešajte túto pastu s jogurtom. Touto zmesou marinujeme mäso 1 hodinu.
- Na panvici zohrejte polovicu oleja. Pridajte šafran, koriandrové semienka, korenie, kardamón, klinčeky, bobkový list, muškátový oriešok, rascu, horčičné semienka a kokos. Smažte na strednom ohni 2-3 minúty.
- Zmes rozdrvte s dostatočným množstvom vody, aby vznikla hustá kaša.
- Pridajte zvyšný olej na panvicu. Pridajte asafoetida. Nechajte ho hojdať 10 sekúnd.

- Pridajte mletú pastu zo semien kurkuma a koriandra. Smažte na strednom ohni 3-4 minúty.
- Pridajte marinované jahňacie mäso a zvyšok vody. Dobre premiešajte. Prikryjeme pokrievkou a varíme 45 minút. Necháme vychladnúť.
- Pridajte citrónovú šťavu a dobre premiešajte. Jahňací nálev skladujte vo vzduchotesnej nádobe.

Goan Lamb Curry

4 porcie

Ingrediencie

240 ml / 6 fl oz rafinovaného rastlinného oleja

4 veľké cibule, nakrájané nadrobno

1 lyžička šafranu

4 paradajky, pyré

675 g / 1 ½ lb jahňacieho mäsa, nakrájaného na 2,5 cm / 1 palca

4 veľké zemiaky nakrájané na kocky

600 ml / 1 liter kokosového mlieka

120 ml / 4 fl oz vody

soľ podľa chuti

Pre zmes korenia:

4 kapsuly zeleného kardamónu

5 cm / 2 palce škorice

6 zrniek čierneho korenia

1 lyžička semien rasce

2 karafiáty

6 červených paprík

1 badián

50 g / 1¾ oz lístkov koriandra, jemne nasekaných

3 zelené papriky

1 lyžička zázvorovej pasty

1 lyžička cesnakovej pasty

Metóda

- Na prípravu zmesi korenia opražte kardamón, škoricu, korenie, rascu, klinčeky, červenú papriku a badián 3-4 minúty.
- Túto zmes rozdrvte so zvyšnými prísadami do zmesi korenia a dostatočným množstvom vody, aby ste vytvorili hladkú pastu. Odložte bokom.
- Na panvici rozohrejeme olej. Pridajte cibuľu a smažte na strednom ohni, kým nebude priehľadná.
- Pridajte šafran a paradajkový pretlak. Smažte 2 minúty.
- Pridajte pastu zo zmesi korenia. Pokračujte v smažení 4-5 minút.
- Pridajte jahňacie mäso a zemiaky. Smažte 5-6 minút.
- Pridáme kokosové mlieko, vodu a soľ. Dobre premiešajte. Prikryjeme pokrievkou a za občasného miešania dusíme na miernom ohni 45 minút. Podávajte horúce.

mäso bagara

(Hovädzie mäso varené v bohatej indickej omáčke)

4 porcie

Ingrediencie

120 ml / 4 fl oz rafinovaného rastlinného oleja

3 červené papriky

1 lyžička semien rasce

10 kari listov

2 veľké cibule

½ lyžičky šafranu

1 lyžička čili prášku

1 lyžička mletého koriandra

1 lyžička tamarindovej pasty

1 lyžička garam masala

500 g / 1 lb 2 oz jahňacie, mleté

soľ podľa chuti

500 ml / 16 fl oz vody

Pre zmes korenia:

2 lyžice sezamových semienok

2 lyžice čerstvého kokosu, strúhaného

2 lyžice arašidov

2,5 cm / 1 palec koreň zázvoru

8 strúčikov cesnaku

Metóda

- Suroviny na zmes korenia zmiešame. Túto zmes rozotrite s dostatočným množstvom vody, aby vznikla hladká pasta. Odložte bokom.
- Na panvici rozohrejeme olej. Pridajte červenú papriku, rascu a kari listy. Nechajte ich 15 sekúnd bľabotať.
- Pridajte cibuľovú a koreninovú pastu. Smažte na strednom ohni 4-5 minút.
- Pridajte zvyšné ingrediencie okrem vody. Smažte 5-6 minút.
- Pridajte vodu. Dobre premiešajte. Prikryjeme pokrievkou a varíme 45 minút. Podávajte horúce.

Pečeň v kokosovom mlieku

4 porcie

Ingrediencie

750 g / 1 lb 10 oz pečene, nakrájanej na 2,5 cm / 1 na kúsky

½ lyžičky šafranu

soľ podľa chuti

500 ml / 16 fl oz vody

5 lyžíc rafinovaného rastlinného oleja

3 veľké cibule, nakrájané nadrobno

1 lyžica mletého zázvoru

1 lyžica mletého strúčika cesnaku

6 zelených paprík, pozdĺžne prekrojených

3 veľké zemiaky nakrájané na 2,5 cm / 1-palcový kúsky

1 polievková lyžica sladového octu

500 ml / 16 fl oz kokosové mlieko

Pre zmes korenia:

3 sušené červené papriky

2,5 cm / 1 palec škorice

4 kapsuly zeleného kardamónu

1 lyžička semien rasce

8 zrniek čierneho korenia

Metóda

- Pečeň zmiešame s kurkumou, soľou a vodou. Varte na panvici na strednom ohni 40 minút. Odložte bokom.
- Zmiešajte všetky ingrediencie zmesi korenia a rozdrvte s dostatočným množstvom vody, aby ste vytvorili hladkú pastu. Odložte bokom.
- Na panvici rozohrejeme olej. Pridajte cibuľu a smažte na strednom ohni, kým nebude priehľadná.
- Pridajte zázvor, cesnak a zelenú papriku. Smažte 2 minúty.
- Pridajte pastu zo zmesi korenia. Pokračujte v smažení 1-2 minúty.
- Pridáme pečeňovú zmes, zemiaky, ocot a kokosové mlieko. Dobre miešajte 2 minúty. Prikryjeme pokrievkou a za občasného miešania varíme 15 minút. Podávajte horúce.

Jahňacia masala s jogurtom

4 porcie

Ingrediencie

200 g / 7 uncí jogurtu

soľ podľa chuti

675 g / 1 ½ lb jahňacieho mäsa, nakrájaného na 2,5 cm / 1 palca

4 lyžice rafinovaného rastlinného oleja

3 veľké cibule, nakrájané nadrobno

3 mrkvy, nakrájané na kocky

3 paradajky nakrájané nadrobno

120 ml / 4 fl oz vody

Pre zmes korenia:

25 g / malá 1 oz lístkov koriandra, jemne nasekaných

¼ lyžičky šafranu

2,5 cm / 1 palec koreň zázvoru

2 zelené papriky

8 strúčikov cesnaku

4 kapsuly kardamónu

4 klinčeky

5 cm / 2 palce škorice

3 kari listy

¾ lyžičky šafranu

2 čajové lyžičky mletého koriandra

1 lyžička čili prášku

½ lyžičky tamarindovej pasty

Metóda

- Zmiešajte všetky ingrediencie zmesi korenia. Rozdrvte s dostatočným množstvom vody, aby ste vytvorili hladkú pastu.
- Pastu dobre premiešajte s jogurtom a soľou. Touto zmesou marinujte jahňacie mäso 1 hodinu.
- Na panvici rozohrejeme olej. Pridajte cibuľu a smažte na strednom ohni, kým nebude priehľadná.
- Pridajte mrkvu a paradajky a smažte 3-4 minúty.
- Pridajte marinované jahňacie mäso a vodu. Dobre premiešajte. Prikryjeme pokrievkou a za občasného miešania varíme 45 minút. Podávajte horúce.

Korma v Khada Masala

(Pikantné jahňacie v hustej omáčke)

4 porcie

Ingrediencie

75 g / 2 ½ oz ghí

3 kapsuly čierneho kardamónu

6 karafiátov

2 bobkové listy

½ lyžičky rascových semien

2 veľké cibule, nakrájané na plátky

3 sušené červené papriky

2,5 cm / 1 palec Koreň zázvoru, jemne nasekaný

20 strúčikov cesnaku

5 pozdĺžne nakrájaných zelených paprík

675 g / 1 ½ lb jahňacie mäso, mleté

½ lyžičky čili prášku

2 čajové lyžičky mletého koriandra

6-8 šalotky, olúpané

Konzervovaný hrášok 200 g / 7 oz

750 ml / 1 ¼ fl oz vody

Štipka šafranu rozpustená v 2 polievkových lyžiciach teplej vody

soľ podľa chuti

1 lyžička citrónovej šťavy

200 g / 7 uncí jogurtu

1 lyžica lístkov koriandra, nasekaných nadrobno

4 varené vajcia, rozpolené

Metóda

- Na panvici zohrejte ghee. Pridajte kardamón, klinčeky, bobkové listy a rasce. Nechajte ich 30 sekúnd bľabotať.
- Pridajte cibuľu a smažte na strednom ohni dozlatista.
- Pridáme sušenú červenú papriku, zázvor, cesnak a zelenú papriku. Smažte minútu.
- Pridajte baraninu. Smažte 5-6 minút.
- Pridajte čili prášok, mletý koriander, cibuľu a hrášok. Pokračujte v smažení 3-4 minúty.
- Pridajte vodu, zmes kurkumy, soľ a citrónovú šťavu. Dobre miešajte 2-3 minúty. Prikryjeme pokrievkou a varíme 20 minút.
- Panvicu odokryjeme a pridáme jogurt. Dobre premiešajte. Opäť prikryte a pokračujte vo varení 20-25 minút za občasného miešania.
- Ozdobíme lístkami koriandra a vajíčkami. Podávajte horúce.

Jahňacie a obličkové kari

4 porcie

Ingrediencie

5 lyžíc rafinovaného rastlinného oleja plus extra na vyprážanie

4 veľké zemiaky nakrájané na dlhé prúžky

3 veľké cibule, nakrájané nadrobno

3 veľké paradajky nakrájané nadrobno

¼ lyžičky šafranu

1 lyžička čili prášku

2 čajové lyžičky mletého koriandra

1 lyžička mletého kmínu

25 kešu orieškov, nahrubo rozdrvených

4 obličky, nasekané

500 g / 1 lb 2 oz jahňacie mäso, nakrájané na 5 cm / 2 palce

1 citrónová šťava

1 lyžička mletého čierneho korenia

soľ podľa chuti

500 ml / 16 fl oz vody

4 uvarené vajcia, rozdelené na štyri

10 g / ¼ oz listov koriandra, jemne nasekaných

Pre zmes korenia:

1½ lyžičky zázvorovej pasty

1½ lyžičky cesnakovej pasty

4-5 zelenej papriky

4 kapsuly kardamónu

6 karafiátov

1 lyžička čierneho kmínu

1½ lyžice sladového octu

Metóda

- Všetky ingrediencie na zmes korenia zmiešame a rozdrvíme s dostatočným množstvom vody, aby vznikla hladká pasta. Odložte bokom.
- Na panvici rozohrejeme olej na vyprážanie. Pridajte zemiaky a smažte na strednom ohni 3-4 minúty. Behajte a rezervujte si.
- Na panvici zohrejte 5 lyžíc oleja. Pridajte cibuľu a smažte na strednom ohni, kým nebude priehľadná.
- Pridajte pastu zo zmesi korenia. Za stáleho miešania smažte 2-3 minúty.
- Pridajte paradajky, kurkumu, čili prášok, koriander a rascu. Pokračujte v smažení 2-3 minúty.
- Pridajte kešu, obličky a jahňacie mäso. Smažte 6-7 minút.

- Pridajte citrónovú šťavu, korenie, soľ a vodu. Dobre premiešajte. Prikryjeme pokrievkou a za občasného miešania varíme 45 minút.
- Ozdobíme vajíčkami a lístkami koriandra. Podávajte horúce.

Gosht Gulfaam

(Jahňacie s kozím syrom)

4 porcie

Ingrediencie

675 g / 1 ½ lb vykostené jahňacie mäso

300 g / 10 oz kozí syr, scedený

200 g / 7 oz khoya*

150 g / 5½ oz zmiešaného sušeného ovocia, jemne nakrájaného

6 zelených paprík, nakrájaných nadrobno

25 g jemne nasekaných listov koriandra

2 varené vajcia

Na omáčku:

¾ lyžice rafinovaného rastlinného oleja

3 veľké cibule, nakrájané nadrobno

5 cm / 2 palce. Koreň zázvoru, jemne nasekaný

10 nasekaných strúčikov cesnaku

3 paradajky nakrájané nadrobno

1 lyžička čili prášku

120 ml / 4 fl oz baranie vývar

soľ podľa chuti

Metóda

- Jahňacie mäso šľaháme, kým nebude pripomínať steak.
- Zmiešajte kozí syr, khoyu, sušené ovocie, zelené korenie a lístky koriandra. Túto zmes miesime, kým nezískame mäkké cesto.
- Cesto rozotrieme na zarovnanú jahňacinu a do stredu položíme vajcia.
- Jahňacinu dobre otvorte, aby cesto a vajcia boli vnútri. Zabaľte do hliníkovej fólie a pečte pri teplote 180 °C (350 °F, plyn Mark 4) 1 hodinu. Odložte bokom.
- Na prípravu omáčky rozohrejeme na panvici olej. Pridajte cibuľu a smažte na strednom ohni, kým nebude priehľadná.
- Pridajte zázvor a cesnak. Smažte minútu.
- Pridajte paradajky a čili prášok. Pokračujte v smažení 2 minúty za stáleho miešania.
- Pridajte vývar a soľ. Dobre premiešajte. Varte 10 minút, občas premiešajte. Odložte bokom.
- Rolku pečeného hovädzieho mäsa nakrájajte a poukladajte na tanier. Polejeme omáčkou a podávame horúce.

Lamb Do Pyaaza

(Jahňacie s cibuľou)

4 porcie

Ingrediencie

120 ml / 4 fl oz rafinovaného rastlinného oleja

1 lyžička šafranu

3 bobkové listy

4 klinčeky

5 cm / 2 palce škorice

6 sušených červených paprík

4 kapsuly zeleného kardamónu

6 veľkých cibúľ, 2 nakrájané, 4 nakrájané na plátky

3 polievkové lyžice zázvorovej pasty

3 lyžice cesnakovej pasty

2 nakrájané paradajky

8 šalotiek, rozpolených

2 čajové lyžičky garam masala

2 čajové lyžičky mletého koriandra

4 lyžičky mletého kmínu

1½ lyžičky strúhaného jablka

½ strúhaného muškátového orieška

2 lyžičky mletého čierneho korenia

soľ podľa chuti

675 g / 1 ½ lb jahňacie mäso, mleté

250 ml / 8 fl oz vody

10 g / ¼ oz listov koriandra, jemne nasekaných

2,5 cm / 1 palec Koreň zázvoru, julienne

Metóda

- Na panvici rozohrejeme olej. Pridajte šafran, bobkový list, klinčeky, škoricu, červenú papriku a kardamón. Nechajte ich 30 sekúnd bľabotať.
- Pridajte nakrájanú cibuľu. Smažte ich na strednom ohni, kým nebudú priehľadné.
- Pridajte zázvorovú pastu a cesnakovú pastu. Smažte minútu.
- Pridajte paradajky, šalotku, garam masalu, mletý koriander, mletú rascu, muškátový oriešok, muškátový oriešok, korenie a soľ. Pokračujte v smažení 2-3 minúty.
- Pridajte jahňacie mäso a cibuľu na plátky. Dobre premiešajte a smažte 6-7 minút.
- Pridajte vodu a miešajte jednu minútu. Prikryjeme pokrievkou a za občasného miešania varíme 30 minút.
- Ozdobte lístkami koriandra a zázvorom. Podávajte horúce.

Vyprážané rybie cestoviny

4 porcie

Ingrediencie

1 kg / 2¼ lb čerta, stiahnutá z kože a filetovaná

½ lyžičky šafranu

soľ podľa chuti

125 g / 4 ½ oz besan*

3 polievkové lyžice strúhanky

½ lyžičky čili prášku

½ lyžičky mletého čierneho korenia

1 nakrájanú zelenú papriku

1 čajová lyžička semienok ajowan

3 lyžice nasekaných listov koriandra

500 ml / 16 fl oz vody

Rafinovaný rastlinný olej na vyprážanie

Metóda

- Rybu marinujte s kurkumou a soľou 30 minút.

- Zvyšné suroviny okrem oleja zmiešame na cesto.

- Na panvici rozohrejeme olej. Marinované ryby ponorte do cesta a smažte na strednom ohni do zlatista.

- Scedíme na savý papier a podávame horúce.

ryby caldine

(ryba v štýle Goa)

4 porcie

Ingrediencie

3 lyžice rafinovaného rastlinného oleja

3 veľké cibule, nakrájané nadrobno

6 zelených paprík, pozdĺžne prekrojených

750 g / 1 lb 10 oz filé z morského vlka, mleté

1 lyžička mletého kmínu

1 lyžička šafranu

1 lyžička zázvorovej pasty

1 lyžička cesnakovej pasty

360 ml / 12 fl oz kokosového mlieka

2 čajové lyžičky tamarindovej pasty

soľ podľa chuti

Metóda

- Na panvici rozohrejeme olej. Pridajte cibuľu a smažte na miernom ohni do zlatista.

- Pridajte zelené čili, rybu, rascu, kurkumu, zázvorovú pastu, cesnakovú pastu a kokosové mlieko. Dobre premiešame a varíme 10 minút.

- Pridajte tamarindovú pastu a soľ. Dobre premiešame a varíme 15 minút. Podávajte horúce.

Krevety a vaječné kari

4 porcie

Ingrediencie

3 lyžice rafinovaného rastlinného oleja

2 karafiáty

2,5 cm / 1 palec škorice

6 zrniek čierneho korenia

2 bobkové listy

1 veľká cibuľa nakrájaná nadrobno

½ lyžičky šafranu

1 lyžička zázvorovej pasty

1 lyžička cesnakovej pasty

1 lyžička garam masala

12 veľkých kreviet, vylúpaných a bez žily

soľ podľa chuti

200 g / 7 oz paradajkový pretlak

120 ml / 4 fl oz vody

4 vajíčka uvarené natvrdo, pozdĺžne rozpolené

Metóda

- Na panvici rozohrejeme olej. Pridajte klinčeky, škoricu, korenie a bobkový list. Nechajte ich 15 sekúnd bľabotať.

- Pridáme ostatné suroviny okrem paradajkového pretlaku, vody a vajec. Duste na strednom ohni 6-7 minút. Pridajte paradajkový pretlak a vodu. Varte 10-12 minút.

- Opatrne pridajte vajcia. Varte 4-5 minút. Podávajte horúce.

rybí krtko

(Ryby varené v jednoduchom základnom kari)

4 porcie

Ingrediencie

2 polievkové lyžice ghee

1 malá cibuľa, nasekaná

4 strúčiky cesnaku, nakrájané nadrobno

2,5 cm / 1 palec Koreň zázvoru, jemne nakrájaný

6 zelených paprík, pozdĺžne prekrojených

1 lyžička šafranu

soľ podľa chuti

750 ml / 1¼ pinty kokosového mlieka

1 kg / 2¼ lb morský vlk, zbavený kože a filetovaný

Metóda

- Na panvici zohrejte ghee. Pridajte cibuľu, cesnak, zázvor a korenie. Smažte na miernom ohni 2 minúty. Pridajte šafran. Varte 3-4 minúty.

- Pridáme soľ, kokosové mlieko a rybu. Dobre premiešame a varíme 15-20 minút. Podávajte horúce.

krevety Bharta

(Krevety varené v klasickej indickej omáčke)

4 porcie

Ingrediencie

100 ml / 3 ½ fl oz horčičného oleja

1 lyžička semien rasce

1 veľká nastrúhaná cibuľa

1 lyžička šafranu

1 lyžička garam masala

2 čajové lyžičky zázvorovej pasty

2 lyžičky cesnakovej pasty

2 nakrájané paradajky

3 zelené papriky, pozdĺžne prekrojené

750 g / 1 lb 10 oz krevety, vylúpané a bez žily

250 ml / 8 fl oz vody

soľ podľa chuti

Metóda

- Na panvici rozohrejeme olej. Pridajte kmínové semienka. Nechajte ich 15 sekúnd bľabotať. Pridajte cibuľu a smažte na strednom ohni dozlatista.

- Pridajte všetky zvyšné ingrediencie. Varte 15 minút a podávajte horúce.

Pikantné ryby a zelenina

4 porcie

Ingrediencie

2 lyžice horčičného oleja

500 g / 1 lb 2 oz citrónový morský jazyk, ošúpaný a filetovaný

¼ lyžičky horčičných semienok

¼ lyžičky semien feniklu

¼ lyžičky semienok senovky gréckej

¼ lyžičky rascového semena

2 bobkové listy

½ lyžičky šafranu

2 sušené červené papriky, rozpolené

1 veľká cibuľa, nakrájaná na tenké plátky

200 g / 7 oz mrazená zelenina

360 ml / 12 fl oz vody

soľ podľa chuti

Metóda

- Na panvici rozohrejeme olej. Pridajte rybu a smažte na strednom ohni do zlatista. Otočte a opakujte. Behajte a rezervujte si.

- Do toho istého oleja pridajte horčicu, fenikel, senovku grécku a rascu, bobkový list, kurkumu a červenú papriku. Smažte 30 sekúnd.

- Pridajte cibuľu. Smažte na strednom ohni 1 minútu. Pridajte zvyšné ingrediencie a vyprážanú rybu. Varte 30 minút a podávajte horúce.

kotleta z makrely

4 porcie

Ingrediencie

4 veľké makrely, očistené

soľ podľa chuti

½ lyžičky šafranu

2 čajové lyžičky sladového octu

250 ml / 8 fl oz vody

1 polievková lyžica rafinovaného rastlinného oleja plus navyše na plytké vyprážanie

2 veľké cibule, nakrájané nadrobno

1 lyžička zázvorovej pasty

1 lyžička cesnakovej pasty

1 paradajka, nakrájaná

1 lyžička mletého čierneho korenia

1 rozšľahané vajce

10 g / ¼ oz listov koriandra, nasekaných

3 plátky chleba, namočené a vyžmýkané

60 g / 2 oz ryžová múka

Metóda

- Makrelu varte na panvici so soľou, šafranom, octom a vodou na miernom ohni 15 minút. Vykôstkujeme a prehnetieme. Odložte bokom.

- Na panvici zohrejte 1 lyžicu oleja. Na miernom ohni opečte cibuľu do zlatista.

- Pridajte zázvorovú pastu, cesnakovú pastu a paradajky. Duste 4-5 minút.

- Pridajte korenie a soľ a odstráňte z tepla. Zmiešame s rybím pyré, vajcom, lístkami koriandra a chlebom. Vymiesime a vytvarujeme 8 kotletiek.

- Na panvici rozohrejeme olej. Kotlety obalíme v ryžovej múke a opekáme na miernom ohni 4-5 minút. Otočte a opakujte. Podávajte horúce.

Krab tandoori

4 porcie

Ingrediencie

2 čajové lyžičky zázvorovej pasty

2 lyžičky cesnakovej pasty

2 čajové lyžičky garam masala

1 lyžica citrónovej šťavy

125 g / 4 ½ oz gréckeho jogurtu

soľ podľa chuti

4 čisté kraby

1 polievková lyžica rafinovaného rastlinného oleja

Metóda

- Zmiešajte všetky ingrediencie okrem krabov a oleja. V tejto zmesi marinujte kraby 3-4 hodiny.
- Marinovaného kraba potrieme olivovým olejom. Grilujte 10-15 minút. Podávajte horúce.

Plnená ryba

4 porcie

Ingrediencie

- 2 polievkové lyžice rafinovaného rastlinného oleja plus extra na plytké vyprážanie
- 1 veľká cibuľa nakrájaná nadrobno
- 1 veľká paradajka, nakrájaná
- 1 lyžička zázvorovej pasty
- 1 lyžička cesnakovej pasty
- 1 lyžička mletého koriandra
- 1 lyžička mletého kmínu
- soľ podľa chuti
- 1 lyžička šafranu
- 2 polievkové lyžice sladového octu
- 1 kg / 2 ¼ lb lososa, nakrájané na brucho
- 25 g / 1 oz strúhanka

Metóda

- Na panvici rozohrejeme 2 lyžice oleja. Pridajte cibuľu a smažte na miernom ohni do zlatista. Pridajte zvyšné ingrediencie okrem octu, rýb a strúhanky. Duste 5 minút.
- Pridajte ocot. Varte 5 minút. Zmesou naplňte ryby.
- Zvyšný olej zohrejte na panvici. Rybu namočte do strúhanky a smažte na strednom ohni do zlatista. Otočte a opakujte. Podávajte horúce.

Kari s krevetami a karfiolom

4 porcie

Ingrediencie

10 lyžíc rafinovaného rastlinného oleja

1 veľká cibuľa nakrájaná nadrobno

¾ lyžičky šafranu

250 g / 9 oz krevety, vylúpané a bez žily

Ružičky karfiolu 200 g / 7 oz

soľ podľa chuti

Pre zmes korenia:

1 lyžica koriandrových semienok

1 polievková lyžica garam masala

5 červených paprík

2,5 cm / 1 palec koreň zázvoru

8 strúčikov cesnaku

60 g / 2 oz čerstvého kokosu

Metóda

- Na panvici rozohrejeme polovicu oleja. Pridajte prísady do zmesi korenia a smažte na strednom ohni 5 minút. Rozdrvte, aby ste vytvorili hustú pastu. Odložte bokom.
- Zvyšný olej zohrejte na panvici. Smažte cibuľu na strednom ohni, kým nebude priehľadná. Pridajte všetky zvyšné ingrediencie a korenistú pastu.
- Varte 15-20 minút za občasného miešania. Podávajte horúce.

vyprážané mušle

4 porcie

Ingrediencie

500 g / 1 lb 2 oz mušle, očistené

6 polievkových lyžíc rafinovaného rastlinného oleja

2 veľké cibule, nakrájané nadrobno

1 lyžička šafranu

1 lyžička garam masala

2 čajové lyžičky zázvorovej pasty

2 lyžičky cesnakovej pasty

10 g / ¼ oz listov koriandra, nasekaných

6 kokumov*

soľ podľa chuti

250 ml / 8 fl oz vody

Metóda

- Mušle dusíme 25 minút. Odložte bokom.
- Na panvici rozohrejeme olej. Na miernom ohni opečte cibuľu do zlatista.
- Pridajte zvyšné ingrediencie okrem vody. Duste 5-6 minút.
- Pridajte dusené mušle a vodu. Prikryjeme pokrievkou a varíme 10 minút. Podávajte horúce.

Vyprážané krevety v cestíčku

4 porcie

Ingrediencie

250 g / 9 oz krevety, ošúpané

250 g / 9 oz besan*

2 zelené papriky, nakrájané

1 lyžička čili prášku

1 lyžička šafranu

1 lyžička mletého koriandra

1 lyžička mletého kmínu

½ lyžičky amchoor*

1 malá cibuľa nastrúhaná

¼ lyžičky sódy bikarbóny

soľ podľa chuti

Rafinovaný rastlinný olej na vyprážanie

Metóda

- Všetky suroviny okrem oleja zmiešame s takým množstvom vody, aby vzniklo husté cesto.
- Na panvici rozohrejeme olej. Vložte niekoľko lyžíc cesta a smažte na strednom ohni do zlatista zo všetkých strán.
- Opakujte pre zostávajúce cesto. Podávajte horúce.

Makrela v paradajkovej omáčke

4 porcie

Ingrediencie

1 polievková lyžica rafinovaného rastlinného oleja

2 veľké cibule, nakrájané nadrobno

2 nakrájané paradajky

1 lyžica zázvorovej pasty

1 lyžica cesnakovej pasty

1 lyžička čili prášku

½ lyžičky šafranu

8 sušených kokum*

2 zelené papriky, nakrájané na plátky

soľ podľa chuti

4 veľké makrely, zbavené kože a filetované

120 ml / 4 fl oz vody

Metóda

- Na panvici rozohrejeme olej. Na strednom ohni opečte cibuľu dozlatista. Pridajte všetky zvyšné ingrediencie okrem rýb a vody. Dobre premiešajte a duste 5-6 minút.
- Pridajte ryby a vodu. Dobre premiešajte. Varte 15 minút a podávajte horúce.

Konju Ullaruathu

(Scampi in Red Masala)

4 porcie

Ingrediencie

120 ml / 4 fl oz rafinovaného rastlinného oleja

1 veľká cibuľa nakrájaná nadrobno

5 cm / 2 palce. Koreň zázvoru, jemne nakrájaný

12 strúčikov cesnaku, nakrájaných nadrobno

2 lyžice zeleného korenia, mletého

8 kari listov

2 nakrájané paradajky

1 lyžička šafranu

2 čajové lyžičky mletého koriandra

1 lyžička mletého feniklu

600 g / 1 lb 5 oz krevety, olúpané a žilkované

3 čajové lyžičky čili prášku

soľ podľa chuti

1 lyžička garam masala

Metóda

- Na panvici rozohrejeme olej. Pridáme cibuľu, zázvor, cesnak, zelenú papriku a kari listy a za stáleho miešania opekáme na miernom ohni 1-2 minúty.
- Pridajte všetky zvyšné ingrediencie okrem garam masaly. Dobre premiešajte a varte na miernom ohni 15-20 minút.
- Posypeme garam masalou a podávame horúce.

Chemeen Mango Curry

(Krevetové kari so zeleným mangom)

4 porcie

Ingrediencie

200 g / 7 oz čerstvý kokos, strúhaný

1 polievková lyžica čili prášku

2 veľké cibule, nakrájané nadrobno

3 lyžice rafinovaného rastlinného oleja

2 zelené papriky, nakrájané

2,5 cm / 1 palec Koreň zázvoru, nakrájaný na tenké plátky

soľ podľa chuti

1 lyžička šafranu

1 malé zelené mango nakrájané na kocky

120 ml / 4 fl oz vody

750 g / 1 lb 10 oz tigrie krevety, vylúpané a bez žily

1 lyžička horčičných semienok

10 kari listov

2 celé červené papriky

4-5 šalotiek, nakrájaných na plátky

Metóda

- Rozdrvte kokos, čili prášok a polovicu cibule. Odložte bokom.
- Na panvici zohrejte polovicu oleja. Zvyšnú cibuľu opražte na miernom ohni so zelenou paprikou, zázvorom, soľou a kurkumou 3-4 minúty.
- Pridajte kokosovú pastu, zelené mango a vodu. Varte 8 minút.
- Pridajte krevety. Varte 10-12 minút a odstavte.
- Zohrejte zvyšný olej. Pridajte horčičné semienka, kari listy, korenie a šalotku. Smažte minútu. Túto zmes pridajte ku krevetám a podávajte horúce.

Jednoduché Machchi Fry

(Vyprážaná ryba s korením)

4 porcie

Ingrediencie

8 pevných bielych rybích filé ako treska

¾ lyžičky šafranu

½ lyžičky čili prášku

1 lyžička citrónovej šťavy

250 ml / 8 fl oz rafinovaného rastlinného oleja

2 lyžice hladkej bielej múky

Metóda

- Rybu marinujte s kurkumou, čili práškom a citrónovou šťavou 1 hodinu.
- Na panvici rozohrejeme olej. Rybu obalte v múke a smažte na strednom ohni 3-4 minúty. Otočte a smažte 2-3 minúty. Podávajte horúce.

Macher Kalia

(Ryba v bohatej omáčke)

4 porcie

Ingrediencie

1 lyžička semien koriandra

2 čajové lyžičky semien rasce

1 lyžička čili prášku

2,5 cm / 1 palec Koreň zázvoru, olúpaný

250 ml / 8 fl oz vody

120 ml / 4 fl oz rafinovaného rastlinného oleja

500g / 1lb 2oz filety zo pstruha, bez kože

3 bobkové listy

1 veľká cibuľa nakrájaná nadrobno

4 nasekané strúčiky cesnaku

4 zelené papriky, nakrájané na plátky

soľ podľa chuti

1 lyžička šafranu

2 polievkové lyžice jogurtu

Metóda

- Semená koriandra, rasce, čili prášok a zázvor rozdrvte s dostatočným množstvom vody, aby vznikla hustá pasta. Odložte bokom.
- Na panvici rozohrejeme olej. Pridajte rybu a smažte na strednom ohni 3-4 minúty. Otočte a opakujte. Behajte a rezervujte si.
- Do toho istého oleja pridajte bobkový list, cibuľu, cesnak a zelené čili. Smažte 2 minúty. Pridajte zvyšné ingrediencie, vyprážanú rybu a pastu. Dobre premiešame a varíme 15 minút. Podávajte horúce.

Vyprážaná ryba vo vajci

4 porcie

Ingrediencie

500 g / 1 lb 2 oz John Dory, bez kože a filetovaný

1 citrónová šťava

soľ podľa chuti

2 vajcia

1 lyžica hladkej bielej múky

½ lyžičky mletého čierneho korenia

1 lyžička čili prášku

250 ml / 8 fl oz rafinovaného rastlinného oleja

100 g / 3½ oz strúhanky

Metóda

- Rybu necháme 4 hodiny marinovať s citrónovou šťavou a soľou.
- Vajcia rozšľaháme s múkou, korením a čili práškom.
- Na panvici rozohrejeme olej. Marinovanú rybu ponorte do vaječnej zmesi, obaľte v strúhanke a smažte na miernom ohni do zlatista. Podávajte horúce.

Lau Chingri

(Krevety s tekvicou)

4 porcie

Ingrediencie

250 g / 9 oz krevety, ošúpané

500 g / 1 lb 2 oz maslovej tekvice, nakrájanej na kocky

2 lyžice horčičného oleja

¼ lyžičky rascového semena

1 bobkový list

½ lyžičky šafranu

1 lyžica mletého koriandra

¼ lyžičky cukru

1 polievková lyžica mlieka

soľ podľa chuti

Metóda

- Krevety a tekvicu dusíme 15-20 minút. Odložte bokom.
- Na panvici rozohrejeme olej. Pridajte kmín a bobkový list. Smažte 15 sekúnd. Pridajte šafran a mletý koriander. Smažte na strednom ohni 2-3 minúty. Pridajte cukor, mlieko, soľ a dusené krevety a tekvicu. Varte 10 minút. Podávajte horúce.

Paradajková ryba

4 porcie

Ingrediencie

2 lyžice hladkej bielej múky

1 lyžička mletého čierneho korenia

500 g / 1 lb 2 oz citrónový morský jazyk, ošúpaný a filetovaný

3 polievkové lyžice masla

2 bobkové listy

1 malá cibuľa nastrúhaná

6 nasekaných strúčikov cesnaku

2 čajové lyžičky citrónovej šťavy

6 polievkových lyžíc rybieho vývaru

150 g / 5½ oz paradajkový pretlak

soľ podľa chuti

Metóda

- Zmiešame múku a korenie. Vložte rybu do zmesi.
- Na panvici rozohrejeme maslo. Rybu smažte na strednom ohni do zlatista. Behajte a rezervujte si.
- Na tom istom masle podusíme na miernom ohni bobkový list, cibuľu a cesnak 2-3 minúty. Pridajte vyprážanú rybu a všetky zvyšné prísady. Dobre premiešame a varíme 20 minút. Podávajte horúce.

Chingri Machher Kalia

(bohaté krevetové kari)

4 porcie

Ingrediencie

24 veľkých kreviet, vylúpaných a bez žily

½ lyžičky šafranu

soľ podľa chuti

250 ml / 8 fl oz vody

3 lyžice horčičného oleja

2 veľké cibule, najemno nastrúhané

6 mletých sušených červených paprík

2 lyžice koriandrových listov, jemne nasekaných

Metóda

- Krevety varte so šafranom, soľou a vodou na panvici na miernom ohni 20-25 minút. Odložte bokom. Vodu nevyhadzujte.
- Na panvici rozohrejeme olej. Pridáme cibuľu a čili papričku a na strednom ohni opekáme 2-3 minúty.
- Pridajte uvarené krevety a odloženú vodu. Dobre premiešajte a varte 20-25 minút. Ozdobte lístkami koriandra. Podávajte horúce.

Ryby Tikka Kebab

4 porcie

Ingrediencie

1 polievková lyžica sladového octu

1 polievková lyžica jogurtu

1 lyžička zázvorovej pasty

1 lyžička cesnakovej pasty

2 zelené papriky, nakrájané

1 lyžička garam masala

1 lyžička mletého kmínu

1 lyžička čili prášku

Kvapka oranžového farbiva

soľ podľa chuti

675 g / 1½ lb čerta, stiahnutá z kože a filetovaná

Metóda

- Zmiešajte všetky ingrediencie okrem rýb. S touto zmesou marinujte ryby 3 hodiny.
- Marinovanú rybu poukladáme na špízy a grilujeme 20 minút. Podávajte horúce.

Kotleta Chingri Machher

(Krevetové kotlety)

4 porcie

Ingrediencie

12 kreviet, vylúpaných a bez žily

soľ podľa chuti

500 ml / 16 fl oz vody

4 zelené papriky, nakrájané nadrobno

2 lyžice cesnakovej pasty

50 g / 1¾ oz listov koriandra, nasekaných

1 lyžička mletého kmínu

štipka šafranu

Rafinovaný rastlinný olej na vyprážanie

1 rozšľahané vajce

4 lyžice strúhanky

Metóda

- Krevety varte so soľou a vodou na panvici na miernom ohni 20 minút. Scedíme a roztlačíme so všetkými zvyšnými ingredienciami okrem olivového oleja, vajíčka a strúhanky.
- Zmes rozdeľte na 8 porcií, vyvaľkajte z nich guľky a nakrájajte na kotlety.
- Na panvici rozohrejeme olej. Rezne namáčame vo vajci, obalíme v strúhanke a na strednom ohni opečieme do zlatista. Podávajte horúce.

Pečená ryba

4 porcie

Ingrediencie

500 g / 1 lb 2oz filé z citrónovej soley alebo chňapača, bez kože

soľ podľa chuti

1 lyžička mletého čierneho korenia

¼ lyžičky sušenej červenej papriky, jemne nakrájanej

2 veľké zelené papriky, nakrájané nadrobno

2 paradajky, nakrájané na plátky

1 veľká cibuľa, nakrájaná na plátky

1 citrónová šťava

3 zelené papriky, pozdĺžne prekrojené

10 strúčikov cesnaku, nakrájaných nadrobno

1 lyžica olivového oleja

Metóda

- Rybie filé vložíme do žiaruvzdorného materiálu a posypeme soľou, korením a čili.
- Na túto zmes rozložte zvyšné ingrediencie.
- Misu prikryte a pečte pri teplote 200 °C (400 °F, plyn Mark 6) 15 minút. Odkryjeme a pečieme 10 minút. Podávajte horúce.

Krevety so zelenou paprikou

4 porcie

Ingrediencie

4 lyžice rafinovaného rastlinného oleja

2 veľké cibule, nakrájané nadrobno

5 cm / 2 palce. Koreň zázvoru, jemne nakrájaný

12 strúčikov cesnaku, nakrájaných nadrobno

4 zelené papriky, pozdĺžne prekrojené

½ lyžičky šafranu

2 nakrájané paradajky

500 g / 1 lb 2oz kreviet, vylúpaných a bez žily

3 zelené papriky zbavené kôstok a nakrájané na plátky

soľ podľa chuti

1 lyžica nasekaných listov koriandra

Metóda

- Na panvici rozohrejeme olej. Pridajte cibuľu, zázvor, cesnak a zelenú papriku. Smažte na miernom ohni 1-2 minúty. Pridajte všetky ostatné ingrediencie okrem listov koriandra. Dobre premiešajte a duste 15 minút.
- Ozdobte lístkami koriandra. Podávajte horúce.

machher jhole

(Ryba v omáčke)

4 porcie

Ingrediencie

500 g / 1 lb 2 oz pstruh, bez kože a filetovaný

1 lyžička šafranu

soľ podľa chuti

4 lyžice horčičného oleja

3 sušené červené papriky

1 lyžička garam masala

1 veľká nastrúhaná cibuľa

2 čajové lyžičky zázvorovej pasty

1 lyžička mletej horčice

1 lyžička mletého koriandra

250 ml / 8 fl oz vody

1 lyžica nasekaných listov koriandra

Metóda

- Rybu marinujte s kurkumou a soľou 30 minút.
- Na panvici rozohrejeme olej. Marinované ryby smažte na strednom ohni 2-3 minúty. Otočte a opakujte. Odložte bokom.
- Na tom istom oleji opekajte papriku a garam masalu na strednom ohni 1-2 minúty. Pridajte všetky ostatné ingrediencie okrem listov koriandra. Dobre premiešame a varíme 10 minút. Pridajte rybu a dobre premiešajte.
- Varte 10 minút. Posypeme lístkami koriandra a podávame horúce.

Macher Paturi

(dusená ryba v banánových listoch)

4 porcie

Ingrediencie

5 lyžíc horčičných semienok

5 zelených paprík

1 lyžička šafranu

1 lyžička čili prášku

1 lyžica horčičného oleja

½ lyžičky semien feniklu

2 lyžice koriandrových listov, jemne nasekaných

½ lyžičky cukru

soľ podľa chuti

750 g / 1 lb 10 oz pstruh, bez kože a filetovaný

20 × 15 cm / 8 × 6 palcov. Banánové listy, umyté

Metóda

- Všetky ingrediencie okrem rýb a banánových listov pomelieme na hladkú pastu. Ryby marinujte touto pastou 30 minút.
- Rybu obalíme v banánových listoch a dusíme 20-25 minút. Opatrne rozbaľte a podávajte horúce.

Chingri Machher Šorsher Jhole

(Krevetové horčicové kari)

4 porcie

Ingrediencie

6 sušených červených paprík

½ lyžičky šafranu

3 čajové lyžičky semien rasce

1 lyžica horčičných semienok

12 strúčikov cesnaku

2 veľké cibule

soľ podľa chuti

24 kreviet, vylúpaných a zbavených žily

3 lyžice horčičného oleja

500 ml / 16 fl oz vody

Metóda

- Všetky ingrediencie okrem kreviet, oleja a vody pomelte, kým nezískate hladkú pastu. S touto pastou marinujte krevety 1 hodinu.
- Na panvici rozohrejeme olej. Pridajte krevety a smažte ich na strednom ohni 4-5 minút.
- Pridajte vodu. Dobre premiešame a varíme 20 minút. Podávajte horúce.

Krevety a zemiakové kari

4 porcie

Ingrediencie

3 lyžice rafinovaného rastlinného oleja

2 veľké cibule, nakrájané nadrobno

3 paradajky nakrájané nadrobno

1 lyžička cesnakovej pasty

1 lyžička čili prášku

½ lyžičky šafranu

1 lyžička garam masala

250 g / 9 oz krevety, vylúpané a bez žily

2 veľké zemiaky nakrájané na kocky

250 ml / 8 fl oz horúcej vody

1 lyžička citrónovej šťavy

10 g / ¼ oz listov koriandra, nasekaných

soľ podľa chuti

Metóda

- Na panvici rozohrejeme olej. Na miernom ohni opečte cibuľu do zlatista.
- Pridajte paradajky, cesnakovú pastu, čili prášok, kurkumu a garam masalu. Duste 4-5 minút. Pridajte zvyšné ingrediencie. Dobre premiešajte.
- Varte 20 minút a podávajte horúce.

mäkké krevety

(Krevety varené v jednoduchom kari)

4 porcie

Ingrediencie

3 lyžice rafinovaného rastlinného oleja

2 veľké cibule, nakrájané nadrobno

2,5 cm / 1 palec Koreň zázvoru, julienne

8 nasekaných strúčikov cesnaku

4 zelené papriky, pozdĺžne prekrojené

375 g / 13 oz krevety, vylúpané a bez žily

3 paradajky nakrájané nadrobno

1 lyžička šafranu

½ lyžičky čili prášku

soľ podľa chuti

750 ml / 1¼ pinty kokosového mlieka

Metóda

- Na panvici rozohrejeme olej. Pridajte cibuľu, zázvor, cesnak a zelené čili a smažte na strednom ohni 1-2 minúty.
- Pridajte krevety, paradajky, kurkumu, čili prášok a soľ. Duste 5-6 minút. Pridajte kokosové mlieko. Dobre premiešajte a varte 10-12 minút. Podávajte horúce.

Ryba Koliwada

(Pikantná vyprážaná ryba)

4 porcie

Ingrediencie

675 g / 1½ lb čerta, stiahnutá z kože a filetovaná

soľ podľa chuti

1 lyžička citrónovej šťavy

250 g / 9 oz besan*

3 polievkové lyžice múky

1 lyžička šafranu

2 čajové lyžičky chaat masala*

1 lyžička garam masala

2 lyžice koriandrových listov, nasekaných

1 polievková lyžica sladového octu

1 lyžička čili prášku

4 polievkové lyžice vody

Rafinovaný rastlinný olej na vyprážanie

Metóda

- Rybu necháme 2 hodiny marinovať so soľou a citrónovou šťavou.
- Všetky zvyšné suroviny okrem oleja vymiešame na husté cesto.
- Na panvici rozohrejeme olej. Rybu hojne zakryte cestom a smažte na strednom ohni do zlatista. Scedíme a podávame horúce.

Roláda z rýb a zemiakov

4 porcie

Ingrediencie

675 g / 1½ lb citrónový morský jazyk, bez kože a filetovaný

soľ podľa chuti

¼ lyžičky šafranu

1 veľký zemiak, varený

2 čajové lyžičky citrónovej šťavy

2 lyžice nasekaného koriandra

2 malé cibule, nasekané

1 lyžička garam masala

2-3 malé zelené papriky

½ lyžičky čili prášku

Rafinovaný rastlinný olej na vyprážanie

2 rozšľahané vajcia

6-7 lyžíc strúhanky

Metóda

- Rybu dusíme 15 minút.
- Scedíme a premiešame so zvyšnými ingredienciami okrem oleja, vajec a strúhanky. Vymiesime a rozdelíme na 8 valčekov s hrúbkou 6 cm.
- Na panvici rozohrejeme olej. Rolky namáčajte vo vajci, obaľte v strúhanke a smažte na strednom ohni do zlatista. Scedíme a podávame horúce.

Krevety Masala

4 porcie

Ingrediencie

4 lyžice rafinovaného rastlinného oleja

3 cibule, 1 nakrájaná a 2 nasekané

2 čajové lyžičky koriandrových semienok

3 karafiáty

2,5 cm / 1 palec škorice

5 zrniek korenia

100 g / 3 ½ oz čerstvého kokosu, strúhaného

6 sušených červených paprík

500 g / 1 lb 2oz kreviet, vylúpaných a bez žily

½ lyžičky šafranu

250 ml / 8 fl oz vody

2 čajové lyžičky tamarindovej pasty

soľ podľa chuti

Metóda

- Na panvici zohrejte 1 lyžicu oleja. Nakrájanú cibuľu, semiačka koriandra, klinčeky, škoricu, zrnká korenia, kokos a červenú papriku opečte na miernom ohni 2-3 minúty. Brúsiť, kým nezíska hladkú pastu. Odložte bokom.
- Zvyšný olej zohrejte na panvici. Pridajte nakrájanú cibuľu a smažte na strednom ohni do zlatista. Pridajte krevety, šafran a vodu. Dobre premiešame a varíme 5 minút.
- Pridajte mletú pastu, tamarindovú pastu a soľ. Smažte 15 minút. Podávajte horúce.

cesnaková ryba

4 porcie

Ingrediencie

500 g / 1 lb 2 oz mečúň, bez kože a filetovaný

soľ podľa chuti

1 lyžička šafranu

1 polievková lyžica rafinovaného rastlinného oleja

2 veľké cibule, najemno nastrúhané

2 lyžičky cesnakovej pasty

½ lyžičky zázvorovej pasty

1 lyžička mletého koriandra

125 g / 4½ oz paradajkového pretlaku

Metóda

- Rybu necháme 30 minút marinovať so soľou a šafránom.
- Na panvici rozohrejeme olej. Pridajte cibuľu, cesnakovú pastu, zázvorovú pastu a mletý koriander. Smažte na strednom ohni 2 minúty.
- Pridajte paradajkový pretlak a ryby. Varte 15-20 minút. Podávajte horúce.

zemiaková ryža

4 porcie

Ingrediencie

150 g / 5½ oz ghí plus extra na vyprážanie

1 veľká cibuľa

2,5 cm / 1 palec koreň zázvoru

6 strúčikov cesnaku

125 g / 4 ½ oz jogurt, šľahaný

4 polievkové lyžice mlieka

2 kapsuly zeleného kardamónu

2 karafiáty

1 cm / ½ škorice

250 g ryže basmati, namočenej na 30 minút a scedenej

soľ podľa chuti

1 liter vody

15 kešu orieškov, vyprážaných

Na halušky:

3 veľké zemiaky, uvarené a roztlačené

125 g / 4 ½ oz besan*

½ lyžičky čili prášku

½ lyžičky šafranu

1 čajová lyžička prášku garam masala

1 veľká nastrúhaná cibuľa

Metóda

- Zmiešajte všetky ingrediencie cookie. Zmes rozdeľte na malé halušky.
- Na panvici zohrejte ghee na vyprážanie. Pridajte knedle a na strednom ohni opečte do zlatista. Behajte a rezervujte si.
- Cibuľu, zázvor a cesnak pomelieme na pastu.
- Na panvici zohrejte 60 g / 2 oz ghee. Pridajte pastu a smažte na strednom ohni, kým nebude priehľadná.
- Pridajte jogurt, mlieko a zemiakové placky. Zmes varíme 10-12 minút. Odložte bokom.
- Zohrejte zvyšné ghee na inej panvici. Pridajte kardamón, klinčeky, škoricu, ryžu, soľ a vodu. Prikryjeme pokrievkou a varíme 15-20 minút.
- Uložte zmes ryže a zemiakov v striedavých vrstvách do žiaruvzdorného materiálu. Dokončite vrstvou ryže. Ozdobíme kešu orieškami.
- Zemiakovú ryžu pečieme v rúre vyhriatej na 200 °C (400 °F, plynová značka 6) 7-8 minút. Podávajte horúce.

Pulao Vegetal

4 porcie

Ingrediencie

5 lyžíc rafinovaného rastlinného oleja

2 karafiáty

2 kapsuly zeleného kardamónu

4 zrnká čierneho korenia

2,5 cm / 1 palec škorice

1 veľká cibuľa nakrájaná nadrobno

1 lyžička zázvorovej pasty

1 lyžička cesnakovej pasty

2 zelené papriky, nakrájané

1 lyžička garam masala

150g / 5½ oz miešanej zeleniny (francúzska fazuľa, zemiaky, mrkva atď.)

500 g / 1 lb 2 oz dlhozrnná ryža, namočená 30 minút a scedená

soľ podľa chuti

600 ml / 1 liter horúcej vody

Metóda

- Na panvici rozohrejeme olej. Pridajte klinčeky, kardamón, korenie a škoricu. Nechajte ich 15 sekúnd bľabotať.
- Pridajte cibuľu a smažte na strednom ohni 2-3 minúty za občasného miešania.
- Pridajte zázvorovú pastu, cesnakovú pastu, zelené čili a garam masalu. Dobre premiešajte. Túto zmes smažte jednu minútu.
- Pridajte zeleninu a ryžu. Smažte pulao na strednom ohni 4 minúty.
- Pridajte soľ a vodu. Dobre premiešajte. Varte na strednom ohni jednu minútu.
- Prikryjeme pokrievkou a varíme 10-12 minút. Podávajte horúce.

Kachche Gosht ki Biryani

(Jahňacie Biryani)

Podáva 4 až 6 porcií

Ingrediencie

1 kg / 2 ¼ lb jahňacieho mäsa, nakrájaného na 5 cm / 2 palce

1 liter vody

soľ podľa chuti

6 karafiátov

5 cm / 2 palce škorice

5 kapsúl zeleného kardamónu

4 bobkové listy

6 zrniek čierneho korenia

750 g / 1 lb 10 oz ryža basmati, namočená na 30 minút a scedená

150 g / 5 ½ oz ghí

Štipka šafranu rozpustená v 1 polievkovej lyžici mlieka

5 veľkých cibúľ, nakrájaných na plátky a vyprážaných

Na marinádu:

200 g / 7 uncí jogurtu

1 lyžička šafranu

1 lyžička čili prášku

1 lyžička zázvorovej pasty

1 lyžička cesnakovej pasty

1 lyžička soli

25 g / malá 1 oz lístkov koriandra, jemne nasekaných

25g/malá 1oz lístkov mäty, jemne nasekaných

Metóda

- Zmiešajte všetky ingrediencie na marinádu a kúsky jahňacieho mäsa v tejto zmesi marinujte 4 hodiny.
- V hrnci zmiešame vodu so soľou, klinčekmi, škoricou, kardamónom, bobkovým listom a korením. Varte na strednom ohni 5-6 minút.
- Pridáme scedenú ryžu. Varte 5-7 minút. Vypustite prebytočnú vodu a ryžu si odložte.
- Nalejte ghee do veľkej žiaruvzdornej misky a položte naň marinované mäso. Položte ryžu vo vrstve na mäso.
- Na vrchnú vrstvu nasypeme kurkumové mlieko a trochu ghee.
- Panvicu zatvorte fóliou a prikryte pokrievkou.

- Varte 40 minút.
- Odstráňte z tepla a nechajte ďalších 30 minút odpočívať.
- Ozdobte biryani cibuľou. Podávajte pri izbovej teplote.

Achari Gosht ki Biryani

(Nakladaná baranina Biryani)

Podáva 4 až 6 porcií

Ingrediencie

4 stredne veľké cibule, nakrájané

400 g jogurtu

2 čajové lyžičky zázvorovej pasty

2 lyžičky cesnakovej pasty

1 kg / 2 ¼ lb jahňacie mäso, nakrájané na 5 cm / 2 palce

2 čajové lyžičky semien rasce

2 čajové lyžičky semien senovky gréckej

1 lyžička cibuľových semien

2 lyžičky horčičných semienok

10 zelených paprík

6½ lyžice ghee

50 g / 1¾ oz lístkov mäty, jemne nasekaných

100 g / 3½ oz listov koriandra, jemne nasekaných

2 paradajky, rozdelené na štyri

750 g / 1 lb 10 oz ryža basmati, namočená na 30 minút a scedená

soľ podľa chuti

3 karafiáty

2 bobkové listy

5 cm / 2 palce škorice

4 zrnká čierneho korenia

Veľká štipka šafranu rozpustená v 1 polievkovej lyžici mlieka

Metóda

- Zmiešajte cibuľu, jogurt, zázvorovú pastu a cesnakovú pastu. Jahňacie mäso necháme v tejto zmesi 30 minút marinovať.
- Nasucho opražte rascu, senovku grécku, cibuľu a horčičné semienka. Pomelieme ich na hrubú zmes.
- Zelenú papriku nakrájame a naplníme rozdrvenou zmesou. Odložte bokom.
- Na panvici zohrejte 6 polievkových lyžíc ghí. Pridajte baraninu. Jahňacie mäso smažte na strednom ohni 20 minút. Uistite sa, že všetky strany jahňacích kúskov sú rovnomerne opečené.
- Pridajte plnenú zelenú papriku. Pokračujte vo varení ďalších 10 minút.
- Pridajte listy mäty, koriandrové listy a paradajky. Dobre miešajte 5 minút. Odložte bokom.
- Ryžu zmiešame so soľou, klinčekmi, bobkovým listom, škoricou a korením. Predvarte zmes. Odložte bokom.
- Zvyšné ghee nalejeme do zapekacej misy.
- Na ghee položte opečené kúsky baraniny. Predvarenú ryžu položte vo vrstve na jahňacinu.
- Ryžu zalejeme šafranovým mliekom.

- Nádobu uzavrite fóliou a prikryte pokrievkou. Biryani pečieme v predhriatej rúre na 200 °C (400 °F, plyn Mark 6) 8-10 minút.
- Podávajte horúce.

Yakhni Pulao

(Kašmír Pulao)

4 porcie

Ingrediencie

600 g / 1 lb 5 oz jahňacie mäso, nakrájané na 2,5 cm / 1 in kúsky

2 bobkové listy

10 zrniek čierneho korenia

soľ podľa chuti

1,7 litra / 3 litre horúcej vody

5 lyžíc rafinovaného rastlinného oleja

4 klinčeky

3 kapsuly zeleného kardamónu

2,5 cm / 1 palec škorice

1 lyžica cesnakovej pasty

1 lyžica zázvorovej pasty

3 veľké cibule, nakrájané nadrobno

500 g / 1 lb 2 oz ryža basmati, namočená 30 minút a scedená

1 lyžička mletého kmínu

2 čajové lyžičky mletého koriandra

200 g / 7 oz jogurt, šľahaný

1 lyžička garam masala

60 g / 2 oz cibule, nakrájané na plátky a vyprážané

4-5 vyprážaných hrozienok

½ nakrájanej uhorky

1 nakrájaná paradajka

1 vajce, natvrdo uvarené a nakrájané na plátky

1 zelená paprika, nakrájaná na plátky

Metóda

- Do vody pridajte jahňacie mäso, bobkové listy, korenie a soľ. Túto zmes varte na panvici na miernom ohni 20-25 minút.
- Jahňaciu zmes sceďte a odložte. Zarezervujte si zásoby.
- Na panvici rozohrejeme olej. Pridajte klinčeky, kardamón a škoricu. Nechajte ich 15 sekúnd bľabotať.
- Pridajte cesnakovú pastu, zázvorovú pastu a cibuľu. Smažte na strednom ohni dozlatista.
- Pridajte baraninu zmes. Smažte 4-5 minút, miešajte v pravidelných intervaloch.
- Pridajte ryžu, rascu, koriander, jogurt, garam masalu a soľ. Zľahka premiešame.
- Pridajte baraní vývar spolu s dostatočným množstvom horúcej vody, aby bola 1 palec nad úrovňou ryže.
- Varte pulao 10-12 minút.

- Ozdobíme plátkami cibule, hrozienkami, uhorkou, paradajkou, vajíčkom a zelenou paprikou. Podávajte horúce.

Hyderabadi Biryani

4 porcie

Ingrediencie

1 kg / 2 ¼ lb jahňacie mäso, nakrájané na 3,5 cm / 1 ½-palcové kúsky

2 čajové lyžičky zázvorovej pasty

2 lyžičky cesnakovej pasty

soľ podľa chuti

6 polievkových lyžíc rafinovaného rastlinného oleja

500 g / 1 lb 2oz jogurt

2 litre / 3 ½ litra vody

2 veľké zemiaky, ošúpané a nakrájané na štvrtiny

750 g / 1 lb 10 oz ryža basmati, predvarená

1 polievková lyžica ghí, zahriate

Pre zmes korenia:

4 veľké cibule, nakrájané na tenké plátky

3 karafiáty

2,5 cm / 1 palec škorice

3 kapsuly zeleného kardamónu

2 bobkové listy

6 zrniek korenia

6 zelených paprík

50 g / 1¾ oz listov koriandra, rozdrvených

2 čajové lyžičky citrónovej šťavy

1 lyžica mletého kmínu

1 lyžička šafranu

1 lyžica mletého koriandra

Metóda

- Jahňacie mäso necháme 2 hodiny marinovať so zázvorovou pastou, cesnakovou pastou a soľou.
- Zmiešajte všetky ingrediencie zmesi korenia.
- Na panvici rozohrejeme olej. Pridajte koreniacu zmes a smažte na strednom ohni 5-7 minút.
- Pridajte jogurt, marinované jahňacie mäso a 250 ml vody. Varte 15-20 minút za občasného miešania.
- Pridajte zemiaky, ryžu a zvyšok vody. Varte 15 minút.
- Nalejte ghee na ryžu a pevne zakryte pokrievkou.
- Varte, kým nie je ryža pripravená. Podávajte horúce.

Ryža s korením a zeleninou

4 porcie

Ingrediencie

4 lyžice rafinovaného rastlinného oleja

2 veľké cibule, nakrájané na tenké plátky

1 lyžica zázvorovej pasty

1 lyžica cesnakovej pasty

6 zrniek korenia

2 bobkové listy

3 kapsuly zeleného kardamónu

2,5 cm / 1 palec škorice

3 karafiáty

1 lyžička šafranu

1 lyžica mletého koriandra

6 mletých červených paprík

50 g / 1¾ oz čerstvého kokosu, strúhaného

200 g / 7 oz mrazená zelenina

2 plátky nakrájaného ananásu

10-12 kešu orieškov

200 g / 7 uncí jogurtu

soľ podľa chuti

750 g / 1 lb 10 oz ryža basmati, predvarená

žltý farebný ťah

4 čajové lyžičky ghí

1 lyžica mletého kmínu

3 lyžice koriandrových listov, jemne nasekaných

Metóda

- Na panvici rozohrejeme olej. Pridajte všetku cibuľu, zázvorovú pastu a cesnakovú pastu. Smažte zmes na strednom ohni, kým cibuľa nie je priehľadná.
- Vmiešame zrnká korenia, bobkový list, kardamón, škoricu, klinčeky, kurkumu, mletý koriander, červené chilli a kokos. Dobre premiešajte. Smažte 2-3 minúty za občasného miešania.
- Pridajte zeleninu, ananás a kešu. Smažte zmes 4-5 minút.
- Pridajte jogurt. Dobre miešajte jednu minútu.
- Ryžu rozložíme vo vrstve na zeleninovú zmes a navrch posypeme potravinárskym farbivom.
- Na ďalšej malej panvici zohrejte ghee. Pridajte kmínový prášok. Nechajte ho hojdať 15 sekúnd.
- Nalejte to priamo na ryžu.
- Prikryte pokrievkou a dbajte na to, aby neunikala para. Varte na miernom ohni 10-15 minút.
- Ozdobte lístkami koriandra. Podávajte horúce.

Kale Moti ki Biryani

(Celý čierny Gram Biryani)

4 porcie

Ingrediencie

500 g / 1 lb 2 oz ryža basmati, namočená 30 minút a scedená

500 ml / 16 fl oz mlieka

1 lyžička garam masala

500 ml / 16 fl oz vody

soľ podľa chuti

75 g / 2 ½ oz ghí

2 čajové lyžičky zázvorovej pasty

2 lyžičky cesnakovej pasty

3 zelené papriky, pozdĺžne prekrojené

6 veľkých zemiakov, ošúpaných a nakrájaných na štvrtiny

2 nakrájané paradajky

½ lyžičky čili prášku

⅓ Čajová lyžička: Kurkuma

200 g / 7 uncí jogurtu

300 g / 10 oz uradových zŕn*, varené

1 ČL kurkumy namočenej v mlieku 60 ml / 2 fl oz

25 g / malá 1 oz lístkov koriandra, jemne nasekaných

10 g / ¼ oz lístkov mäty, jemne nasekaných

2 veľké cibule, nakrájané na plátky a vyprážané

3 kapsuly zeleného kardamónu

5 karafiátov

2,5 cm / 1 palec škorice

1 bobkový list

Metóda

- Ryžu varte s mliekom, garam masalou, vodou a soľou na panvici na miernom ohni 7-8 minút. Odložte bokom.
- Zahrejte ghee v žiaruvzdornom materiáli. Pridajte zázvorovú pastu a cesnakovú pastu. Smažte na strednom ohni jednu minútu.
- Pridajte zelenú papriku a zemiaky. Smažte zmes 3-4 minúty.
- Pridajte paradajky, čili prášok a kurkumu. Dobre premiešajte. Za stáleho miešania smažte 2-3 minúty.
- Pridajte jogurt. Dobre miešajte 2-3 minúty.
- Pridajte urad fazuľa. Varte na miernom ohni 7 až 10 minút.
- Fazuľu posypeme lístkami koriandra, mätou, cibuľou, kardamónom, klinčekmi, škoricou a bobkovým listom.
- Uvarenú ryžu rovnomerne rozložíme na fazuľovú zmes. Ryžu zalejeme šafranovým mliekom.
- Utesnite fóliou a prikryte pokrievkou.

- Pečte biryani v rúre vyhriatej na 200 °C (400 °F, plynová značka 6) 15-20 minút. Podávajte horúce.

Mince & Masoor Pulao

(Celá červená šošovica a mletá s ryžou pilau)

4 porcie

Ingrediencie

6 polievkových lyžíc rafinovaného rastlinného oleja

2 karafiáty

2 kapsuly zeleného kardamónu

6 zrniek čierneho korenia

2 bobkové listy

2,5 cm / 1 palec škorice

1 lyžička zázvorovej pasty

1 lyžička cesnakovej pasty

1 veľká cibuľa nakrájaná nadrobno

2 zelené papriky, nakrájané

1 lyžička čili prášku

½ lyžičky šafranu

2 čajové lyžičky mletého koriandra

1 lyžička mletého kmínu

500 g / 1 lb 2 oz mletého mäsa

150 g / 5 ½ oz celého muriva*30 minút namočený a scedený

250 g / 9 oz dlhozrnná ryža, namočená na 30 minút a scedená

750 ml / 1¼ pinty horúcej vody

soľ podľa chuti

10 g / ¼ oz listov koriandra, jemne nasekaných

Metóda

- Na panvici rozohrejeme olej. Pridajte klinčeky, kardamón, korenie, bobkový list, škoricu, zázvorovú pastu a cesnakovú pastu. Túto zmes smažte na strednom ohni 2-3 minúty.
- Pridajte cibuľu. Vyprážajte do priehľadnosti.
- Pridajte zelenú papriku. Smažte minútu.
- Pridajte čili prášok, kurkumu, mletý koriander a rascu. Miešajte 2 minúty.
- Pridajte mleté mäso, masoor a ryžu. Dobre smažte na strednom ohni 5 minút a v pravidelných intervaloch jemne miešajte.
- Pridajte horúcu vodu a soľ.
- Prikryjeme pokrievkou a varíme 15 minút.
- Ozdobte pulao lístkami koriandra. Podávajte horúce.

kuracie biryani

4 porcie

Ingrediencie

1 kg / 2 ¼ lb kuracie mäso bez kože s kosťami, nakrájané na 8 kusov

6 polievkových lyžíc rafinovaného rastlinného oleja

10 kešu orieškov

10 hrozienok

500 g / 1 lb 2 oz ryža basmati, namočená 30 minút a scedená

3 karafiáty

2 bobkové listy

5 cm / 2 palce škorice

4 zrnká čierneho korenia

soľ podľa chuti

4 veľké cibule, nakrájané nadrobno

250 ml / 8 fl oz vody

2 ½ lyžice ghee

Veľká štipka kurkumy rozpustená v 1 polievkovej lyžici mlieka

Na marinádu:

1½ lyžičky cesnakovej pasty

1½ lyžičky zázvorovej pasty

3 zelené papriky nakrájané nadrobno

1 lyžička garam masala

1 lyžička mletého čierneho korenia

1 lyžica mletého koriandra

2 lyžičky mletého kmínu

125 g / 4 ½ unce jogurtu

Metóda

- Zmiešajte všetky ingrediencie na marinádu. Touto zmesou marinujte kurča 3-4 hodiny.
- Na malej panvici zohrejte 1 lyžicu oleja. Pridáme kešu oriešky a hrozienka. Smažte na strednom ohni dozlatista. Behajte a rezervujte si.
- Scedenú ryžu podusíme s klinčekmi, bobkovými listami, škoricou, korením a soľou. Odložte bokom.
- Na panvici rozohrejeme 3 lyžice oleja. Pridajte kuracie kúsky a smažte na strednom ohni 20 minút za občasného otáčania. Odložte bokom.
- Zvyšný olej zohrejte na inej panvici. Pridajte cibuľu a smažte na strednom ohni dozlatista.
- Pridajte opečené kuracie kúsky. Varte ďalších 5 minút na strednom ohni.
- Pridajte vodu a varte, kým nie je kura uvarené. Odložte bokom.
- Nalejte 2 polievkové lyžice ghee do zapekacej misy. Pridajte kuraciu zmes. Položte ryžu vo vrstve na kura.
- Na vrch nalejte šafranové mlieko a pridajte zvyšné ghee.
- Zatvorte fóliou a pevne prikryte vekom.

- Pečieme pri 200 °C (400 °F, plyn Mark 6) 8-10 minút.
- Ozdobíme opraženými kešu orieškami a hrozienkami. Podávajte horúce.

Krevetové rizoto

6 porcií

Ingrediencie

600 g / 1 lb 5 oz veľkých kreviet, očistených a bez šmúh

soľ podľa chuti

1 lyžička šafranu

250 ml / 8 fl oz rafinovaného rastlinného oleja

4 veľké cibule, nakrájané na plátky

4 nakrájané paradajky

2-3 zemiaky, ošúpané a nakrájané na kocky

50 g / 1¾ oz lístkov koriandra, jemne nasekaných

25g/malá 1oz lístkov mäty, jemne nasekaných

200 g / 7 uncí jogurtu

2 zelené papriky, nakrájané

450 g / 1 lb dusená ryža basmati (viď tu)

Pre zmes korenia:

4 klinčeky

2,5 cm / 1 palec škorice

3 kapsuly zeleného kardamónu

4 zrnká čierneho korenia

2-3 zelené papriky

¼ čerstvého kokosu, strúhaného

4 červené papriky

12 strúčikov cesnaku

1 lyžička rasce

1 lyžička koriandra

Metóda

- Všetky zložky zmesi korenia nahrubo pomelieme. Odložte bokom.
- Zmiešajte krevety so soľou a kurkumou. Odložte bokom.
- Na panvici rozohrejeme 2 lyžice oleja. Pridajte cibuľu a smažte na strednom ohni dozlatista. Odložte bokom.
- Zvyšný olej zohrejte na panvici. Pridajte polovicu opečenej cibule spolu s mletou zmesou korenia. Dobre premiešajte a smažte na strednom ohni jednu minútu.
- Pridajte paradajky, zemiaky, soľ a krevety. Zmes varíme 5 minút.
- Pridajte koriander, lístky mäty, jogurt a zelené korenie. Dobre premiešajte. Varte 10 minút, zľahka miešajte v častých intervaloch. Odložte bokom.
- Do veľkého hrnca poukladajte zmes ryže a kreviet v striedavých vrstvách. Dokončite vrstvou ryže.
- Posypeme zvyšnou cibuľou, prikryjeme pokrievkou a varíme 30 minút. Podávajte horúce.

Vaječné zemiaky Biryani

Podáva 4-5 porcií

Ingrediencie

5 lyžíc rafinovaného rastlinného oleja

3 karafiáty

2,5 cm / 1 palec škorice

3 kapsuly zeleného kardamónu

2 bobkové listy

6 zrniek korenia

3 veľké cibule, nakrájané nadrobno

3 veľké paradajky nakrájané nadrobno

soľ podľa chuti

¼ lyžičky šafranu

200 g / 7 uncí jogurtu

3 veľké zemiaky, ošúpané, nakrájané na štvrtiny a vyprážané

6 vajec, natvrdo uvarených a pozdĺžne rozpolených

300 g / 10 oz dusená ryža basmati

2 polievkové lyžice ghee

1 lyžica semien rasce

žltý farebný ťah

Pre priečinok:

1 lyžica bielych sezamových semienok

4-5 červenej papriky

8 strúčikov cesnaku

5 cm / 2 palce. z koreňa zázvoru

2-3 zelené papriky

50 g / 1 oz listy koriandra

1 lyžica koriandrových semienok

Metóda

- Všetky prísady na pastu rozdrvte s dostatočným množstvom vody, aby vznikla hustá pasta. Odložte bokom.
- Na panvici rozohrejeme olej. Pridajte všetky klinčeky, škoricu, kardamón, bobkový list a korenie. Nechajte ich 30 sekúnd bľabotať.
- Pridajte cibuľu. Smažte ich na strednom ohni, kým nebudú priehľadné.
- Pridajte pastu s paradajkami, soľou a šafranom. Smažte 2-3 minúty za občasného miešania.
- Pridajte jogurt. Zmes varte na strednom ohni za stáleho miešania.
- Pridajte zemiaky. Dobre premiešame, aby boli pokryté omáčkou.
- Opatrne pridajte kúsky vajec, žĺtkovou stranou nahor.
- Rozložte ryžu na kúsky vajec. Toto usporiadanie odložte.

- Na malej panvici zohrejte ghee. Pridajte kmínové semienka. Nechajte ich 15 sekúnd bľabotať.
- Túto zmes nalejte priamo na vrch ryžového aranžmánu.
- Posypeme potravinárskym farbivom a panvicu prikryjeme pokrievkou.
- Varte 30 minút. Podávajte horúce.

Mince Pulao

(Mleté jahňacie s ryžou Pilau)

4 porcie

Ingrediencie

5 lyžíc rafinovaného rastlinného oleja

2 karafiáty

2 kapsuly zeleného kardamónu

6 zrniek čierneho korenia

2 bobkové listy

2,5 cm / 1 palec škorice

1 veľká cibuľa nakrájaná nadrobno

1 lyžička zázvorovej pasty

1 lyžička cesnakovej pasty

2 zelené papriky, nakrájané

2 čajové lyžičky mletého koriandra

1 lyžička čili prášku

½ lyžičky šafranu

1 lyžička mletého kmínu

500 g / 1 lb 2 oz mletého mäsa

350 g / 12 oz dlhozrnná ryža, namočená na 30 minút vo vode a scedená

750 ml / 1 ¼ fl oz horúcej vody

soľ podľa chuti

10 g / ¼ oz listov koriandra, jemne nasekaných

Metóda

- Na panvici rozohrejeme olej. Pridajte klinčeky, kardamón, korenie, bobkový list a škoricu. Nechajte ich 15 sekúnd bľabotať.
- Pridajte cibuľu. Smažte na strednom ohni, kým nebude priehľadný.
- Pridajte zázvorovú pastu, cesnakovú pastu, zelený čili prášok, koriandrový prášok, čili prášok, kurkumu a rascu.
- Smažte 2 minúty. Pridáme mleté mäso a ryžu. Túto zmes smažte 5 minút.
- Pridajte horúcu vodu a soľ.
- Prikryjeme pokrievkou a varíme 15 minút.
- Ozdobte pulao lístkami koriandra. Podávajte horúce.

Chana Pulao

(Cícer s ryžou pilau)

4 porcie

Ingrediencie

2 lyžice rafinovaného rastlinného oleja

1 lyžička semien rasce

1 veľká cibuľa nakrájaná nadrobno

1 lyžička zázvorovej pasty

1 lyžička cesnakovej pasty

2 zelené papriky, nakrájané

300 g / 10 oz konzervovaný cícer

300 g / 10 oz dlhozrnná ryža, namočená na 30 minút a scedená

soľ podľa chuti

250 ml / 8 fl oz vody

Metóda

- Na panvici rozohrejeme olej. Pridajte kmínové semienka. Nechajte ich 15 sekúnd bľabotať.
- Pridajte cibuľu, zázvorovú pastu, cesnakovú pastu a zelené čili. Túto zmes smažte na strednom ohni 2-3 minúty.

- Pridáme cícer a ryžu. Smažte 4-5 minút.
- Pridajte soľ a vodu. Varte pulao na strednom ohni jednu minútu.
- Prikryjeme pokrievkou a varíme 10-12 minút.
- Podávajte horúce.

Jednoduché Khichdi

(ryža a šošovicová melanž)

4 porcie

Ingrediencie

1 polievková lyžica ghí

1 lyžička semien rasce

2 zelené papriky, pozdĺžne prekrojené

250g / 9oz dlhozrnná ryža

150 g / 5½ oz Mung Dhal*

1 liter / 1¾ pinty horúcej vody

soľ podľa chuti

Metóda

- Na panvici zohrejte ghee. Pridajte kmín a zelené korenie. Nechajte ich 15 sekúnd bľabotať.
- Pridajte ryžu a mung dhal. Smažte 5 minút.
- Pridajte horúcu vodu a soľ. Dobre premiešajte. Prikryjeme pokrievkou. Khichdi varíme 15 minút – malo by mať kašovitú konzistenciu.
- Podávajte horúce.

ryža masala

(pikantná ryža)

4 porcie

Ingrediencie

6 polievkových lyžíc rafinovaného rastlinného oleja

½ lyžičky horčičných semienok

10 kari listov

2 zelené papriky, pozdĺžne prekrojené

¼ lyžičky šafranu

2 veľké cibule, nakrájané nadrobno

½ lyžičky čili prášku

2 čajové lyžičky citrónovej šťavy

soľ podľa chuti

300 g / 10 oz dusená dlhozrnná ryža

1 lyžica nasekaných listov koriandra

Metóda

- Na panvici rozohrejeme olej. Pridajte horčičné semienka, kari listy a zelené korenie. Nechajte ich 15 sekúnd bľabotať. Pridajte šafran a cibuľu. Smažte zmes na strednom ohni, kým cibuľa nie je zlatohnedá.
- Pridajte zvyšné ingrediencie okrem koriandra. Jemne miešajte na miernom ohni 5 minút. Ozdobte lístkami koriandra. Podávajte horúce.

cibuľová ryža

4 porcie

Ingrediencie

5 lyžíc rafinovaného rastlinného oleja

½ lyžičky horčičných semienok

½ lyžičky rasce

4 stredné cibule, nakrájané na tenké krúžky

3 zelené papriky nakrájané nadrobno

5 nasekaných strúčikov cesnaku

300 g / 10 oz dusená ryža basmati

soľ podľa chuti

60 ml / 2 fl oz vody

10 g / ¼ oz listov koriandra, nasekaných

Metóda

- Na panvici rozohrejeme olej. Pridajte horčičné semienka a rascu. Nechajte ich 15 sekúnd bľabotať.
- Pridajte cibuľu, zelenú papriku a cesnak. Smažte túto zmes na strednom ohni, kým cibuľa nie je priehľadná.

- Pridajte ryžu, soľ a vodu. Varte na strednom ohni 5-7 minút.
- Ryžu s cibuľou ozdobte lístkami koriandra. Podávajte horúce.

dusená ryža

4 porcie

Ingrediencie

375 g / 13 oz dlhozrnná alebo basmati ryža

750 ml / 1¼ pinty vody

Metóda

- Ryžu dobre umyte.
- Zohrejte vodu v panvici. Pridajte ryžu a varte na vysokej teplote 8 až 10 minút.
- Zľahka stlačte zrnko ryže medzi palcom a ukazovákom, aby ste skontrolovali, či je uvarená.
- Odstráňte z ohňa a sceďte v sitku. Podávajte horúce.

Krevety Pulao

(varené krevety s ryžou Pilau)

4 porcie

Ingrediencie

250 g / 9 oz krevety, vylúpané a bez žily

soľ podľa chuti

1 lyžička šafranu

8 polievkových lyžíc rafinovaného rastlinného oleja

1 veľká cibuľa, nakrájaná

2 nakrájané paradajky

1 lyžička zázvorovej pasty

2 lyžičky cesnakovej pasty

2 zelené papriky, nakrájané

2 čajové lyžičky mletého koriandra

1 lyžička mletého kmínu

½ lyžičky čili prášku

500 g / 1 lb 2 oz dlhozrnná ryža, namočená 30 minút a scedená

1 liter / 1¾ pinty horúcej vody

25 g / malá 1 oz lístkov koriandra, jemne nasekaných

Metóda

- Krevety marinujte so soľou a šafranom. Rezervujte na 20 minút.
- Na panvici rozohrejeme olej. Smažte cibuľu na strednom ohni, kým nebude priehľadná.
- Pridajte paradajky, zázvorovú pastu, cesnakovú pastu, zelené čili papričky, mletý koriander, rascu a čili prášok. Túto zmes smažte 2-3 minúty.
- Pridajte krevety a dobre ich smažte 4-5 minút.
- Pridajte ryžu a pokračujte v smažení pulao po dobu 5 minút.
- Pridajte vodu a soľ. Prikryjeme pokrievkou a varíme 15 minút.
- Ozdobte pulao lístkami koriandra. Podávajte horúce.

www.ingramcontent.com/pod-product-compliance
Lightning Source LLC
Chambersburg PA
CBHW070418120526
44590CB00014B/1442